平凡社新書
1033

ギャンブル依存

日本人はなぜ、その沼にはまり込むのか

染谷一
SOMEYA HAJIME

HEIBONSHA

ギャンブル依存●目次

第2章　競艇の刺激に溺れた「彼」と「彼女」

はじめに

どうして人は何かに依存するのか、そんな素朴な疑問がきっかけだった。

アルコール、薬物、ニコチン、カフェイン、ゲーム、アイドル、買い物……。「何かにハマった状態」が、やがて「嗜癖」「依存」へと置き換わる。それまでの「あったら楽しい」が「なければ苦しい」へと転換し、やがて「あるから苦しい」へとややこしく変質する。

アルコールや薬物などの物質依存は、体内で起きる器質的、そして機能的変化によってもたらされ、精神的にもそこからの離脱が難しくなることは理解できる。問題はゲームやアイドル、買い物などへの行為依存だ。何かに「ハマる」、つまり非肉体的な嗜好が依存状態にまで至るとき、人間自身はどう変化していくのか。さらに、同じ「ハマった」状態から「依存」に至る人とそうならないケースには、どんな違いがあるのか。

ギャンブルは、歴史的にもスケール的にも、最大級に日本人の行為依存を促してきた。なにしろ、国や自治体の税収、民間企業の収益、さらに裏社会の「しのぎ」の面倒までみてきた「巨大ビジネス」なのだから。

＊

アメリカ精神医学会（APA）の精神疾患の診断分類、つまりガイドライン的存在である「DSM－5精神疾患の診断・統計マニュアル」には、2013年から「ギャンブル障害」（Gambling Disorder）が掲載され、世界保健機関（WHO）の国際疾病分類第10版（ICD－10）では、すでに「病的賭博」（Pathological Gambling）として分類されてきた。ギャンブル依存は、単なる「衝動」ではなく、「疾患」であることが、世界的なスタンダードになっている（本書では「ギャンブル依存症」「ギャンブル障害」「病的賭博」などを「ギャンブル依存」に統一した）。

精神・神経系の疾患には、血液や画像検査ではっきりわかるものはむしろ少なく、言動や考え方などにおける蓋然性が医師の診断根拠となるケースが多い。そして、日常生活における行動的・環境的な要因、もしくは先天的な因子が影響している疾患も少なくない。おそらく、ギャンブルへの依存も同じだろうと考えた。

結局、ある人がギャンブルへと追い立てられ、依存にまで至った原因や過程を知るためには、その人を知るしかない。

そんな命題に向かって、取材をスタートさせた。

序章　日本に根づく賭け事とは

規範を重んじてきたはずの日本人が……

いつからか、日本人、そして日本社会にとって当たり前だった「規範」が、世界から礼賛されるようになっていた。

礼儀正しい、生真面目、勤勉、実直、清潔、他人への気遣い、控え目、手堅い……。こちらがきまり悪くなってしまうような美辞麗句の数々は、ネットや動画サイトにあふれ返っている。

戦後の混乱を経て到達した「総中流社会」では、「つつましさ」「慎み深さ」が美徳とされ、多くの人々は決して大風呂敷を広げたりせず、分相応な「そこそこの幸せ」を追い求めてきた。

時代が平成、令和へと移行するにつれ、国内でも生活格差が広がり、漠然とした「中流感の空気」はどんどん希薄になってきたが、むしろ人々の品格は洗練の度合いを深めたようにも感じる。街を歩いていても、買い物をしていても、交通機関を利用していても、人々の振る舞いは、おおむね控え目で礼儀正しい。規範を重んじる日本人の「かたち」は、社会全体の「かたち」を投影しているのだろう。

そう理解していた。

だからこそ、2017年に厚生労働省（厚労省）が発表したギャンブル依存についての調査結果には、大変な違和感を覚えた。

国内で、ギャンブル依存が疑われる状態になった人は約320万人（生涯を通じて）、20歳から70歳の総人口の3・6パーセントにもなると、そこには記されていた。（海外が感じている）ステレオタイプな日本人と、「運まかせ」「荒っぽさ」がつきまとうギャンブル依存とのイメージは大きく乖離している。

＊

最近、ネットニュースや掲示板、SNSなどで、よく目にする言葉に「同調圧力」がある。いわく、世界から賞賛される日本人の礼儀正しさ、生真面目さは、「他人の目」という無言のプレッシャーから派生しているもので、「人が見ていなければ、日本人はそこまで洗練されているわけではない」との自虐をにじませた文脈において使われることが多い。

確かに、SNSなどでときおり起こる炎上騒ぎや迷惑行為、匿名性が前提となった誹謗中傷などは、人間の規範や品格からは遠く離れている。それは同調圧力への反発ととらえることが可能かもしれない。

だが本当にそうだろうか。同調圧力がなければ、素顔の日本人は控えめでも手堅くもなく、運任せで荒っぽい博打好きなのだろうか。

筆者も含めてギャンブルに依存したことがなくても、勝負をしたくなる気持ちぐらいなら理解できるはずだ。ほとんどは、子ども時代に秩序ある学校生活を送り、大人になると社会での居場所を確保する。職業や家庭という表層的なアイデンティティを獲得してからは、「今日は昨日の繰り返し、そして明日も」。

社会のシステムは革新や変化を止めず、目まぐるしくアップデートを繰り返していても、大多数の人々の内面や日々の生活環境には限られた影響しかない。誰もが時間とともに心身の老い、少しずつ人生が終わりに近づいていく現実を実感しながら過ごしている。もちろん、いつだって礼儀正しく、周囲への思いやりを持ち、標準化された自分自身を律しながら。

そんな「穏やかな息苦しさ」に埋没していると、直線的な時の流れから逸脱したくなる衝動は誰にでもある。ときには「しびれる時間」「夢中になる瞬間」、そして「手堅く、秩序を守りながら生きてきた本当の自分とは少し違う自分」でもぶち込まない限り、「100年時代」を迎えた人生は長過ぎる。

脈々と流れる賭博への想い

日本におけるギャンブルの歴史は古い。西暦689年には、持統天皇が賭博としての「双六の禁止令」を出したほど、その存在は常に市井の人々の近くで息づいていた。以後、平安時代、鎌倉時代、江戸時代のどこでもサイコロやかるたを使った賭博は生き残り、社会のどこかで、世代から世代へと勝負への希求が受け継がれてきた。「日本人は勝負事が好き」との角度を意識すると、昭和、平成、そして令和に至る近代生活において、1本の線が見えてくる。

＊

麻雀や競馬など、経験や知識に裏打ちされた技術が介入するものもあるが、ギャンブルがギャンブルたる所以は、かなりの割合で「ツキ」「運」が介入することだ。日本人にとって、厄介なのは、この「ツキ」という存在かもしれない。我々の生活は、子どものころから、運を試すアイテムや機会に事欠かなかった。

昭和の時代に子どもが集まる場所といえば駄菓子屋だった。

そこは単におやつを買いに行く場所ではなく、運試し、つまりちょっとした勝負の場所でもあった。ある世代以上なら覚えていると思うが、駄菓子屋で買える商品の多くには「当たり、はずれ」の仕掛けがあった。幸運の報酬《リワード》は、「無料でもう1個」など他愛のないものだったとしても、それなりに子ども心に火はついた。

そのものずばりの「くじ」も店頭に並んでいた。けばけばしい大きな箱に切り取り用の点線が入っており、料金を支払って、他愛もないおもちゃなどを取り出す。さらに、いわゆるブロマイド（多くはウルトラマンや仮面ライダーなど）も、袋に入った状態で売られており、どちらも開くときは期待に胸を膨らませた。

そんな心理をうまくついたカード付きスナック菓子（仮面ライダーやプロ野球など）は、当時の少年たちの心を躍らせて、爆発的なブームを巻き起こした（報酬期待をあおるこのモデルは、現在でもポケモンや遊戯王などのカードゲームに脈々と受け継がれている）。

さらに、俗に言う「ガチャガチャ」（「ガチャポン」と呼ばれる地域もあった）は、ほとんどの駄菓子屋や玩具店の前に鎮座していた。今でも大きなスーパーやゲームセンターなどでしっかりとスペースを確保しており、これがスマホゲームなどの「ガチャ」の原型であることは指摘するまでもない。とは言え、たとえば100円で回せるガチャガチャで得られるものが、店頭で同じ価格で売られていたとしても、見向きもしない子どもがほとんどだろう。費用対効果にはまったく見合わず、したがって商品となっていたのは「ツキ」「期待感」だった。

本来、神事や仏事の一つのはずだった日本の祭りや縁日も、子どもにとっては違う意味で楽しみなイベントだった。宗教的な意味などそっちのけで、参道などに沿って並ぶ露店に立ち寄り、射的や金魚すくい、ヨーヨー釣りなどの勝負が目的化していた。限られた小遣いは、神聖な宗教儀式のすぐ近くで繰り広げられる「勝負」の場で消費されてきた。

そんな「ツキの有無」や「勝負心」を刺激され続けた子ども時代を経れば、やがてスーパーや商店街の福引きや大小さまざまな懸賞、さらにいえば「おみくじ」（報酬は紙に書かれた「ありがたい文言」のみだったが）などの吸引力に引き寄せられるようになる。運試し程度とはいえ、「気持ちが高揚《あが》る」という意味では心理的にギャンブルに近い。

子ども時代からの原体験の積み重ねが、日本人の「勝負好き」の基礎をつくり出してきたと言っていい。そんな土壌の上で、競馬・競輪・競艇などの公営ギャンブルやパチンコ・パチスロ、宝くじ・ロトなどが、街のあちこちから手招きしてくる。家に帰ってテレビをつければ、ギャンブル関係のCMが、人気タレントのさわやかな笑顔と熱い惹句《じゃっく》を浴びせかけてくる。

「明日は贅沢な食事ができるかもしれない」「来月はもっと女の子にモテるかもしれない」「人生の一発逆転があるかもしれない」……。日常に飽き飽きしている、ごく平均的な日本人気質をターゲットとした客観的なマーケティング。それに加えて、裏の社会やネット空間では、非合法（であるはず）のギャンブルがあちこちにはびこり、さらに深い依存へと誘惑される機会がばらまかれている（これは国内に限った話ではないが）。

そんな日本社会には「カジノ」までが進出の時期をうかがっている。

保険適用の陰で

皮肉なことに、新型コロナウイルスの感染拡大が本格化し、街から人の姿が減った2020年4月、ギャンブル依存への集団治療が保険適用となった。

健康保険の財政悪化に歯止めがかからず、すでに年間約43兆円（2020年度）にものぼっている国民医療費の抑制に国や自治体が四苦八苦しているのだから、ずいぶん気前のいい話だと感じた向きも少なくないだろう。

対象は「一攫千金狙い」をやめられない依存者であり、そこに限られた貴重な財源を使うことについては異論も出た。医療のフィールドで取材をしてきた筆者も、「もっと手厚い医療補助を必要としている人はいくらでもいるはず」と首を傾げた。それで助かる依存者や家族がいることは理解するとしても、だ。

実は、厚労省によると、ギャンブル依存で医療機関を訪れた患者は、2017年度で3499人に過ぎなかった。莫大な数の「潜在患者」はいたとしても、「ギャンブルがやめられず、経済的にも苦しくなってきたから、病院で治療しよう」と自分で考え、わざわざ治療のために医療機関を訪れる人数はきわめて少ない。今回の保険適用によって、1回あたりの患者負担額は3割の900円で、医療機関が請求できる額は2700円。患者は2週に一度、通院が認められているのは3か月なので、保険からの「持ち出し」はごく限られた額になる。

つまり、最初から実効性は問題ではなく、「健保にとって大した負担になりそうもないから、「ギャンブル依存に取り組んでいる姿勢」を見せるために、保険適用にしてしまえ」と導入を決めたのではないかと、うがった見方ができる。

のちに触れるが、ギャンブル依存への保険適用は、タイミング的にも2018年10月に施行された「ギャンブル等依存症対策基本法」を受けての措置であることは明白であり、さらに背景には統合型リゾート（IR）設置に向けたIR実施法施行令（政令）の決定がある。あらためて説明するまでもないが、この場合の統合型リゾートとは「カジノ」の別名と考えていい。勝負好きの国民がたくさんいて、ギャンブルの機会があちこちに散らばっている日本の土壌に、さらに国が主導した大規模な施設をつくりましょう、ということだ。2023年4月、大阪府・市と長崎県の整備計画を協議するIR推進本部の会合が開かれ、政府が大阪の計画について認定を了承した。まずは、大阪湾に浮かぶ人工島・夢洲でカジノつき施設が開業することが、すでに既定路線を突っ走り始めている。

本書は「反IR」を訴えることが目的ではない。ただし、「ギャンブル依存」という医療的な問題の一つの断面として、「カジノが日本を豊かにする」というイデオロギーに対しては、少し思うところはある。

平成、令和に育った世代はどうなるか

日本人の精神的な根底に根づく、「おもてなし」「助け合い」「譲り合い」など、秩序への思いが同調圧力によるものとの考え方は、やはり自虐が過ぎるように思う。

2011年の東日本大震災の直後、「自分や家族の明日」さえ見えないまま、多くの日本人が見せた他人への思いやり、規律ある行動、自己犠牲の精神などは、海外から大きな

賞賛を受けた。スポーツの国際大会会場で自発的に客席のごみ拾いをし、ライバルとして闘った相手にもリスペクトと称揚を忘れない姿勢は、いつだって独特の協調性や思いやりを感じさせられる。そこに同調圧力がゼロとは言わないにしても、社会や教育によって醸成された品格の結果であることを疑う余地はなく、同じ国に暮らす一人として、あらためて矜持を覚える。

ただ、そんな国民気質とは親和性が低そうなギャンブル大国であるという事実も、日本の一つの側面であることは間違いない。底流には、勝負好きな歴史と国民性があり、「つつましさ」「慎み深さ」「手堅さ」を是とする社会ならではの「穏やかな息苦しさ」がその上に積み重なっていることで、他国をはるかに上回る依存者を量産してきたのではないか――。

今後、「小さな勝負」が身近にあった昭和世代は減少していく。かつて隆盛を誇ったパチンコ・パチスロ産業も勢いはピークアウトし、すでに斜陽化していると言われている。それなら、平成、そして令和に育った世代はどうなのだろうか。

＊

取材では、ギャンブル依存という沼に足を取られ、ずぶずぶと沈み込んでいった人たちから話を聞くことができた。彼や彼女らに共通していたのは、心のなかでちょっとしたトリガーが引かれたことでギャンブルという沼地へと足が向き、やがてもがき苦しむ結果となったことだった。

その原因は、日本社会にギャンブルの施設や環境があるからだけではなく、多くの人の心のなかに存在し、じっと引かれるときを待っているトリガーに、指がかかってしまったことにあった。

取材では、「ぎりぎりハッピーエンド」にも「ほぼバッドエンド」にも出会った。それでも、毎回、希望につながる何かも感じた。折からのコロナ禍に快く取材に応じてくれただけでなく、細部にまでしつこくこだわる取材に対して、胸にしまっておきたい心の闇まで明らかにしてくれた方々に、まずは深い感謝と敬意を表しながら、本章につなげたい。

なお登場人物の年齢、所属、役職などは、取材時のものである。

第1章　元刑事の転落と再起

パチスロで負けが込み、万引きで逮捕

最後のバイト代25万円が自分の口座に振り込まれた。

全額を下ろし、必要最小限のものを詰め込んだバッグ一つで神戸市内の自宅マンションを出た。もう、ここに戻ってくることはない。というよりも、家賃の支払いが滞っていたため、戻ってくることはできない。もっと正確に言うなら、家賃を払う金があるのなら、パチスロに使いたかった。もう、バイトを続ける気力はなかった。

この25万円がなくなったら死ねばいい。自暴自棄なんか、とっくに通り越した。破滅はすぐ目の前にあり、それが避けられないことは、自分でもわかっていた。

＊

その日から、昼間はパチンコ店で過ごし、夜になると漫画喫茶に寝泊まりした。しばらくはパチスロで勝ったり負けたりを繰り返し、ぎりぎりで食いつないだ。それも1か月ほどのことで、当然のように持ち金はすべて底をついた。

やっぱり、死ぬか……。

いや、もっと現金が欲しい。生きていくための金ではない。明日、パチスロに突っ込む

資金《タマ》だ。すでに、「賭ける」のプライオリティーが「生きる」を上回っていた。強盗をする度胸はないので、コンビニで食べ物を万引きして飢えをしのいだ。

パチスロの資金は、大きな書店で盗んだマンガ本を古本屋で現金に換えてつくり出した。売れ筋のコミックスなら、それなりの金額になる。買い取る側も、本の出どころの怪しさはわかっているはずだが、知らん顔で金を渡してくれた。

いい気になってそんなことを続けていたら、書店で巡回していた保安員に捕まり、警察に突き出された。住所不定、無職、身元引受人なし。窃盗容疑で勾留され、起訴された。間もなく開かれた裁判では、執行猶予つきの有罪判決を受けることとなった。

ケイ（42）。少し前までは九州のとある県警で働く刑事だった。

自分は周囲から見下されている

20年前、出身地である九州の国立大学経済学部を卒業したケイは、まずは地域の団体職員となった。24歳のときに職場で知り合った女性と結婚し、すぐに子どもが生まれた。妻の父親は元警官で、親戚にも警察関係者が多かった。親類の集まりに出向くと、どうしても警察の話題が中心であり、そのたびに疎外感に襲われていた。というよりも、「警官ではない自分」に意味のない劣等感を覚え、周囲から見下されているように感じていた。自分は難関の国立大学を卒業したにもかかわらず、だ。

「もちろん、現実には親戚の誰も自分を見下したりはしていませんでした。自分の勝手な思い込みです。子どものころから、地位や立場、上下関係で人を見てしまう性格だったんです」

勤務先での仕事に大きな不満があったわけではないが、今、「なりたい自分」は団体職員ではない。まだ間に合う。警察官になろう。そう決意して、仕事の傍ら、勉強を開始した。26歳で地元県警の採用試験に合格した。

＊

警察学校を経て、最初に配属された交番の「お巡りさん」になった。やりがいはあったが、警察官になったからには、やっぱり刑事になりたい。犯罪者を追い、自分の家族や友人たちが住む地域の安全を守る。目標ははっきりしていた。時間があるときには、本署の刑事課に出向き、先輩の話を聞いたりして勉強を続けた。そんな意欲と姿勢が上に認められたのか、警察官になって2年が過ぎたころ、念願の刑事課に配属となった。

真面目で正義感が強い。必要なことは前向きに努力をする。ケイはそんな若者だった。

制服から私服姿に変わり、毎日はさらに忙しく過ぎていったが、ストレスは感じなかった。公私ともに充実していたケイに、悪魔がそろりと近づいたのは、刑事になって2年目のことだった。

ふと思いついてパチンコ店に入ってみた。それが、自分の人生を暗転させる禁断の扉であるとは想像もしなかった。

大学生で覚えたギャンブルの味

実は、ケイにはパチスロで痛い目を見た過去があった。

そもそもの始まりは高校卒業後のこと。現役で合格した大学での日常はあまりにも退屈で、勉強にも遊びにもほとんど興味を持てないでいた。ウィンタースポーツのサークルに籍を置いたものの飲み会に参加する程度。冬の活動シーズンが始まるころには、集まりに顔も出さなくなっていた。一方、友達に誘われてやってみたパチスロは、あまりにも刺激的で、すぐに夢中になった。

1990年代の終わりごろで、当時のパチンコ・パチスロ業界は「30兆円産業」として空前絶後の隆盛を極めていた。大当たりが連発する「大連チャン機」「爆裂台」が幅をきかせ、10万円単位の大勝ちが可能である反面、大金を失うのもあっという間。ハイリスク・ハイリターンが売り物だった。

ケイがハマったパチスロも同様だった。良い台に当たって波に乗れば、相当な稼ぎになる。反面、ドツボにハマれば、その日の食事代にも事欠くことになる。勝つか負けるかの高いギャンブル性が呼び起こす興奮は、退屈を持て余していた若者を夢中にさせた。それまでの生活で培ってきた理性や常識、金銭感覚はいとも簡単にズタズタになった。パチスロ台のボタンを押し、大当たりが出るときに指先に伝わってくる独特の手ごたえに比べると、平凡な大学生のキャンパスライフなど、あくびが出てくる。

毎朝、自宅を出ると、大学には向かわずにまっすぐパチンコ店へ直行する。勝ったり負けたりを続けて夕方まで時間を過ごし、その後はバイト先のガソリンスタンドへ出向く。授業には、進級に必要な最低限しか出席しなかった。

パチンコやパチスロも、ある程度の情報戦となる。漫然と店を選び、適当に空いている台に座っている客はネギを背負ったカモそのもので、まず店側に食われてしまう。「勝てる店」「渋い店」などは、予備知識として必要最低限であり、「新装開店」「新台入れ替え」など、「設定が甘くなる情報」は逃さず仕入れ、朝一番から県外へと遠征することもしばしばだった。

うまく上昇気流をつかまえれば、分不相応な大金が転がり込んでくるが、「退屈だから」とやってくる大学生においしい思いを続けさせてくれるほど、ギャンブルは甘くない。情報戦を仕掛けているつもりでも、続ければ続けるほど、収支はマイナスに傾いていく。バイトで稼いだ手持ちが尽きると、なんらかの理由をつけて親からもらったり、それでも足りない場合には、家の金を盗んだりして資金をつくった。大学の単位は要領よく稼ぎながら、生産性のかけらもない大学生活が続いた。

時間だけは誰にとっても平等に流れていく。漫然とパチスロとバイトに明け暮れて、猶予期間《モラトリアム》の持ち時間を浪費していれば、４年間などはあっという間に流れてしまう。

難関国立大学の学生だけに、ケイはさほど苦労することもなく就職先はすんなりと決まり、社会人になった。毎朝同じ時刻に起きて、出勤するという生活のリズムは規則正しく変わったが、余暇の過ごし方はほとんど変わらなかった。勤務時間外のほとんどはパチンコ店が居場所になっていた。可処分所得が増えた分、金の使い方はひどくなった。ありったけの金がパチスロ台に突っ込まれていく。足りなくなったら、相変わらず親の財布に手を付けたり、だった。

学生時代と変わらずに、ハマればハマるほど金はなくなっていく。給料の振込口座にセットされていたカードローンは限度いっぱいまで利用を重ね、その返済日が過ぎると、通帳の残高は常にマイナスになっていた。そうなると、「お決まりのコース」が待っている。消費者金融に駆け込み、高い金利の返済に四苦八苦するようになるまで、そう時間はかからなかった。

その一方で、団体職員としての仕事はきちんとこなしていた。ずる休みなどは一度もない。パチンコ店に出向くのは仕事を終えてから、もしくは休日だけとけじめをつけていた。「消費者金融からの借金が膨らんでいく現実に対し、しっかりと社会人としての義務を果たすことで、自分を正当化していたんだと思います」と当時を振り返るが、根が真面目なのか、それとも外見の体裁を整えただけだったのか、たぶん、両方だったのだろう。

就職して2年目の春、付き合っていた女性が妊娠した。このとき、消費者金融3社などからの借金は150万円に膨らんでいた。それを隠したまま、新たな生活を始めるわけにはいかない。結婚をするために彼女、そして自分の両親に現状を打ち明けた。

若気の至り――。このときは、誰もがそう判断してくれたようで、すべての借金を親が肩代わりしてくれた。

結婚して、ギャンブルから離れたが……

家庭を築けば、誰もがある現実に直面する。自分で稼いだ金が自分のものだった時代が、静かに過ぎていったことに気づかされるのだ。ケイも、結婚してからはパチンコ店に出向くことはなくなった。定額の小遣い制になったことで、ギャンブルに回す金が足りなかったこともあったが、結婚前に借金で家族に迷惑をかけた現実を、しっかりと自分の肩に背負っていた。

やっぱり根は真面目なのだ。

やがて、団体職員から警察官へと転身し、念願の刑事にもなった。悪くない人生だった。

＊

それから6年の月日が流れた。あれほど夢中になったギャンブルの感触も興奮も、しばらく離れていれば徐々に薄れていき、過去の出来事の一つとして記憶の底に沈み込んでいた。

その間、パチンコ業界は少しずつ変化していた。世間からは「ギャンブル性の高さが射幸心をあおりすぎる」との批判が高まっていた。パチンコ・パチスロが「ギャンブル」か

「遊戯」かについては後回しにするとして、どちらにしても人間の射幸心で成り立っている世界だ。おかしな議論だった。そもそも、人間の射幸心に「適正なレベル」など存在するのか。

この国にはそれがあるらしいのだ。ずっと後の話となるが、２０２０年5月の新型コロナウイルスによる緊急事態宣言下、東京高等検察庁の元検事長が新聞記者らとの賭け麻雀で起訴されて大騒ぎになった。このとき、議論の焦点の一つとなったのは、「一晩で動く金額が多いか、少ないか」だった。起訴の是非を判断した東京第6検察審査会は、元検事を起訴相当としながら、「1回数万円程度だから、射幸性が高いとは言えない」として、「常習賭博罪」ではなく、もっと罪の軽い「単純賭博罪」に該当すると結論づけた。「単純」と「常習」という2つの単語は、日本語的には二項対立にならない。金額の多寡で「これは単純な賭博です」「これは常習的な賭博です」と判断するのであれば、言語学における意味論を破綻させることになる。

【刑法第１８５条】

賭博をした者は、50万円以下の罰金又は科料に処する。ただし、一時の娯楽に供する物を賭けたにとどまるときは、この限りでない。

どこからどこまでが「一時の娯楽」に相当するのかについては、国会でも法廷でも議論はされてきた。その都度、明快な答えが示されたわけではない。この辺については、弁護士の津田岳宏氏が著書『賭けマージャンはいくらから捕まるのか？』（遊タイム出版）で詳しく述べているので興味のある方は参照いただきたい。本書の本筋とは異なるのでここでは詳細は割愛するが、いつだって一貫性がなく、曖昧模糊とした解釈で、場当たり的に「シロ」「クロ」をつけてきたのが法とギャンブルだ。

話を戻すと、賭け麻雀は紛れもない賭博行為だが、パチンコ・パチスロは法的には「賭博」ではなく、「遊戯」に分類されている。だとしたら、なおさら「遊び」における射幸心を「量的に判断する」という、さらにナンセンスな話になる。

それはともかく、現実に業界が打ち出してきたのは以前の4分の1の金額で遊べる低レートパチンコ、いわゆる「1円パチンコ」だった。多くの店で導入されるようになり、パチスロにも、コインの値段が4分の1で遊べる台が並ぶようになった。確かに、かつてのような大勝ちはできない代わりに、負けても少額で済む。

とはいえ……。

＊

ある休日、ケイは雑用を片づけに警察署に出向き、帰宅途中に「1円パチンコ」と書かれたのぼりが風にたなびいている店の前で足を止めた。

このレートなら大丈夫。同じ過ちは繰り返さない。

かつての痛い思い出は、時間とともに薄れていた。「もうあの頃の自分ではない」。自信を持ってそう言えた。ケイは30歳になっていた。社会人としても、家庭人としても分別をわきまえ、生活も思考も落ち着いていく年回りだ。「できちゃった婚」で授かった子どももどんどん成長していく。もちろん、刑事としての責任感だってしっかりと背負っているつもりだった。

ところが、パチンコ店の自動ドアの向こう側で待ち受けていたのは、けたたましい電子音、容赦なく目を傷めつけてくるたばこの煙、それに刑事としての立場や家族までも奪い取る、泥沼の未来だった。

＊

独特の喧騒のなかに足を踏み入れたのは何年ぶりだろうか。お試しのつもりで座った1

円パチスロ台は、確かに少ない「出資」でそれなりに遊ぶことができた。賭ける金額は少なくても、手に伝わってくるスロットの感触、大当たりフラグである「リーチ目」を見たときのちょっとした興奮、短時間で手元のコインが増えていく高揚感……、あのころのように、すべてを存分に楽しんだ。儲かる、儲からないは二の次、恰好の仕事の息抜きとなった。

うん、大丈夫。ゲームセンターのようなものだ。

以降、仕事や家族から離れ、自分の時間を味わうために、ときおり、1円パチスロに出かけるようになっていった。

だが――。通う回数が増えると、物足りなさも大きくなっていく。かつてのしびれるような興奮は、まだケイの体内で熾火《おきび》のようにくすぶっていた。小遣いでやりくりできる勝負など、時間つぶしに過ぎない。かつて、破綻ぎりぎりで日々の生活をしのいでいた自分の記憶のストックから、大きな勝負に対する渇望がマグマのようにわき上がってくるのを抑えられなかった。

気がつくと、自然にギャンブル性の高い台の前に座るようになっていた。勝っても負けても、店を出るころは、財布の厚みがガラリと変わっている。それまで、間延びするような時間つぶしに過ぎなかったパチンコ店での時間は、一気に密度が高まった。

やっぱり、ギャンブルはこうでなければ……。

再び、消費者金融へ

あっという間に、パチンコ店に出向く意味が変わり、足を運ぶ頻度も増えていく。最初は非番の日に限っていたが、仕事帰りにはパチスロ台の「リーチ目を見たい」との欲求にあらがえず、しばしば店に立ち寄るようになっていった。そこに突っ込む金額も、日に日に大きくなり、妻から受け取る月数万円の小遣いなど、すぐに底をつく。

自分にギャンブルと借金の「前歴」があることは忘れていない。それはいつだって、ある種の後悔、黒い歴史として心のなかでうごめいていた。再び自分が同じ過ちに向かって転がっているなどと、職場である警察にはもちろん、家族にも絶対に秘密にしなければならない。世間的には、「マジメな夫」「仕事熱心な警察官」を貫き通す。頭ではわかっているつもりだった。だが、表層を取り繕ってごまかしていること自体が、「自分はわかっていない」という現実には気づかずにいた。

スロットのスピンを止める指先の感触、大当たりでジャラジャラとコインが出てくる景気のいい音が、家族の生活を支える大黒柱として、そして街の治安を背負う公務員として、ずっと培ってきた理性を麻痺させ始めていた。

ある給料前の休日。財布のなかには十分な資金がなかった。それでも、脳内では3つ並んだ「7」が手招きしてくる。それを振り払うことができずに、とうとう一線を越え、消費者金融で5万円を調達した。足早に出向いたパチンコ店では、かなりの幸運に恵まれた。たまたま座った台が当たりだったらしく、たいした時間もかからずに15万円ほど勝つことができた。

5万円を消費者金融に返しに行けば、手元には10万円が残る。妻子持ちの公務員にとっては、なかなかの大金だ。ここで目を覚まし、危うくなっている自分自身の理性を立て直すチャンスでもある。ところが、そうではなかった。

「こんなに勝てるじゃないか。5万円の返済は後回しにして、15万円を元手にもっと増やそう」

ギャンブル依存者に共通する思考形態だ。ぎりぎりのところで踏みとどまっていた（かに思えた）ケイが、本当のギャンブル依存へと踏み込んでしまったのは、この瞬間だったのかもしれない。

結果的に、ケイにとってこのときの「大勝ち」は幸運なんかではなく、不幸を引き当てる「リーチ目」だった。

＊

勝負続行。それまでの好調がうそのように、15万円はスロット機のなかに吸い込まれていった。

いや、一時的にツキが落ちただけ。もう少し資金があれば勝てる――。根拠などかけらもない。自分勝手な確信、というより妄想に背中を押されて、消費者金融にUターンした。再調達した分も失い、さらに借金……。もう止まらなかった。ギャンブルにおける、お決まりの負のスパイラルにのみ込まれていた。やはりこの日がターニングポイントだった。かつて味わった興奮が体内に蘇ってくると、もう、後戻りはできなくなった。

それからは、家庭でも警察署でも、いつもパチスロのことが頭から離れなくなった。刑事としての仕事はきっちりやっている。皮肉なことだが、ケイの性分でもある生真面目さが、結果的に彼自身を追い込んでいくことになる。

現場で仕事に没頭している間は、自分のダメな部分を忘れている。が、職務から解放されると、いつだって罪悪感が襲ってきた。刑事としての責任感と、パチスロ狂いの二面性。

かつて足を取られて動きが取れなくなっていた泥沼に、再び踏み込んでいる実感。そんな恐怖を紛らわすために足を運ぶ場所が、結局はパチンコ店だった。本末転倒の悪循環ながら、スロットマシンと格闘している間は、つかの間、自己嫌悪から逃れることができていた。

これだけは、絶対に妻に知られるわけにはいかない。休日にパチンコ店に行くために、事件、残業、多忙などと、場当たり的なうそをつき続けた。再び底の見えない深い沼に両足を取られ、ズブズブと沈み込んでいく。パチンコ店に足を運ぶ回数が増えれば、その分、借金は加速度的に増え、間もなく、消費者金融の利用限度額がいっぱいになるのも自明の理だった。

臨時収入の機会がない公務員にとって、返済のあてはまったく思いつかない。わずかに残っていた理性が壊れ始めていた。このころの関心は、「どう借金を解決するか」ではなく、「どうすれば次の借金ができるのか」に移っていた。しかも、迫ってくる借金返済をやりくりするために、新たな借金をするのではない。この期に及んで、パチスロの資金が欲しかったのだ。

突然の破綻で仕事と家族を

　終焉は突然にやってきた。

　ある日、仕事から帰宅すると、滞った返済の「督促はがき」が自宅に届いていた。消費者金融数社への借金は総額250万円になっていた。それを見つけた妻は激怒した。パチスロへの病的な依存、それに借金癖が妻の両親、親戚全員に知られてしまった。

「何をやっているんだ！　お前は警察官だろう」

　誰もがそう責め立てた。

　結果的には、前回同様に自分の親が借金を肩代わりしてくれた。だが、もう警察にはいられないと思い込み、退職願を出した。違法行為に手を出したり、消費者金融のブラックリストに載ったりしたわけではないので、本来なら仕事を辞める必要はない。辞めたくはなかったが、ほかの選択肢が思いつかなかったのは、ケイの生真面目さなのか、それとも、かぶり続けていた仮面をはぎとられた決まり悪さゆえだったのか。

　妻に対する、うそと裏切りの代償は、結婚生活の清算で支払うことになった。ゼロに戻った借金と引き換えに、ケイは仕事、そして妻子を一度に失った。

＊

しばらく実家に戻って、家業の漁業を手伝って過ごした。

居心地がいいはずはない。親の目は冷たく、それから逃れようと、ぶらぶらと外に出れば、いやでも県警のパトカーが目に入る。

次に疑心暗鬼が押し寄せてきた。近所の人たちから「仕事を辞めて、離婚した元警察官」と後ろ指をさされているのではないか、と。実際には、そんなことはなかったかもしれない。だが、逆の立場だったら、自分のような人間に、斜め上から見下した視線を向けていたはずだった。相変わらず、人を勝ち負け、上下関係などで、表層的に判断する人間なのだ。

身から出た錆と、最初は多少、割り切ってはいたものの、時間とともに心境は変わっていく。徐々に「なんでオレがこんな目に遭わなければならないんだ」と身勝手な考えへと変化していった。生真面目だった性格が、徐々に荒み始めていた。

変わっていくわが子を心配した母親から、九州北部のある病院へ入院を勧められた。ギャンブル依存の治療を行っているという。

入院だと？　ふざけるな！　自分は病気じゃない。治療の必要などどこにある――。

そう考える一方で、居心地の悪い実家での生活はいたたまれなくなっていた。「ここではないどこか」に行きたかった。素直に母親に従ったふりをして、現実逃避のための入院を決めた。

患者側に治そうとする意志はないのだから、病院に入っても治療の効果が出るはずはない。明らかにムダな入院生活だったが、遠く兵庫県から来ていた女性に病棟で出会った。自分と同様、彼女もパチンコへの依存で入院させられていた。似たもの同士、すぐに親しくなり、男女として付き合うようになった。

数週間もの意味のない入院生活を終え、地元に帰ったが、実家にいたくない気持ちは、かえって強くなっていた。ここから出たい。すべてリセットしたい。知らない土地で彼女と一緒にやり直せば、絶対に自分はうまくいく。

そう確信して、荷物をまとめた。自宅を出る前、親が掛けてくれていた自分名義の保険をすべて解約し、保険会社から支払われた入院給付金と一緒に自分の銀行口座に移しておいた。

生きる目的はパチスロだけに

地元を後にすると、兵庫県に直行して、彼女が住むアパートに転がり込んだ。自分の口座には総額で１２０万円ぐらいあった。当座の生活資金としては十分な額だ。まもなく自分名義で神戸市内のマンションを借り、彼女がそこに引っ越してきた。金があるうちに仕事を見つけて、２人でやり直せばいい。ここからスタート・オーバーだ。

だが……。

皮肉にも、手元に現金がある余裕が、ギャンブル依存という名の疾病を持つ２人から、真剣に仕事を探す意欲を奪っていった。毎日、２人でパチンコ店に入り浸り、自堕落な生活を続けていた。手持ちの現金は減っていき、いよいよとなったところで、時給の高そうなパチンコ店でバイトを始めた。先々のビジョンがまったくない生活は１年弱も続いた。

彼女との関係が終わりを告げたのは突然だった。激しい言い争いがきっかけとなって、彼女がマンションを出て行った。

独りぼっちになった。バイトは続けていたが、生活はさらに荒れた。長く放置した悪性腫瘍のように、病魔はケイのすべてをむしばんでいった。少し前まで、地域の安全を守るという目的のために必死になっていたのに、ケイが生きている理由はパチスロを打つことだけだった。バイトの時間以外にはやることがないので、結局、パチンコ店に入り浸る。

間もなく、手持ちの金は尽き、家賃さえも払えなくなった。本当の自暴自棄になり、最後のバイト代を手にマンションを出た。

かつて犯罪を取り締まり、書類送検する側だったケイが、書店での万引きで捕まり、検察に送られたのは1か月後のことだった。

依存症専門の回復施設へ

窃盗の初犯だったことで、執行猶予が付いた。拘置所にいる間、パチスロへの渇望は薄れていった。思えば、ギャンブルをやりたくてやっていたわけではなかった。

何かに突き動かされていた？　そんな立派なものでもない。ただ、パチスロの前に座るしか思いつかなかっただけだ。アルコール依存の患者が、うまいと思わない酒を求めるように……。

釈放された後、ある支援団体の世話を受けながら、やり直すための仕事を探した。自分がどう生きていけばいいのか、どの道を歩いていけばいいのか、何一つ見えなかった。そんな折、知人から山梨県内の施設入居を勧められた。そこは、「ギャンブルをしない日常生活の構築」「生き方の修正」を目指す、国内では数少ないギャンブル依存専門の回復施設だった。

サポートするスタッフは全員が依存経験のある当事者で、毎日のミーティング、地域における交流活動などを通して、社会復帰を後押ししてくれるとの話だった。

「どうしようもないところに堕ちていましたから……。自分がギャンブル依存だとは自覚していなかったけれど、このときの状況から抜け出すために進むべき道が示されて、助かったかなとも思いました」

そう考え、山梨県甲斐市に出向いた。

＊

施設では、各地からやってきたギャンブル依存の人たちとの共同生活となった。

朝の掃除から始まり、グループミーティング、調理実習、スポーツなどをこなしながら、ほかの依存症（アルコール、薬物、暴力、窃盗など）の自助グループへの定期的な参加も義務づけられる。さらに利用者の個々が抱える問題や悩みについて話し、ほかの参加者とのコミュニケーションによって新たな「気づき」を得る「エンパワーメント・グループミーティング」も定期的に行われる。

しばらくの間、ケイは「ただそこにいるだけ」だった。

自分に問題があるわけではない。ちょっと間違ってしまっただけ。やはり、そう考えていた。「自分が変わるためのプログラム」を受けながら、「自分で変えなければいけないところ」など、一つも思いつかなかった。ひたむきに自分を変えようとする、ほかの参加者の前向きな話を聞いても、「かったるい」「よく言うよ」「お前らと俺を一緒にするなよ」とまともに受け止めることなどできなかった。

それでも、ほかに行く場所なんか、どこにもない。

自分の過ちはギャンブルではなかった

毎日のように他人の話を聞き、自分を語る。集団生活では、お互いに意見を言ったり、けんかになったりすることもあった。次第に、斜に構えていた自分の内面が、少しずつ変わっていくのを自覚し始めた。ほかの人の話を聞いて、自分の価値観がガラリと変わったこともあった。

ある日、ようやく気づいた。転落の引き金となったのはギャンブルだったが、本質的な過ちは自分の内面にあった、と。

「結局、子どものころから、他人との比較ばかりをしていました。自分をよく見せるためにうそをついたり、できないことはできるふり、知らないことは知っているふりをしたり。ありのままの姿で生きてこなかった」

多くの人は、内面のダメな部分に向き合って真正直に生きている。一方の自分はそれを隠し、取り繕い、仮面をかぶって生きてきた。

他人に見られ、評価の対象となる仕事はきっちりとこなす。団体職員のときも、刑事になってからもそうだった。家族の前でさえ、いい夫であり、いい父親だった。「国立大を出た刑事」「良き家庭人」でいるという体裁が何よりも大切だった。ケイが仮面をかぶったのは、同調圧力が働いたからではなく、自分自身の内面や外面を取り繕うためだった。素顔と仮面の間にできたひずみが、自分の本性だけで勝負できるギャンブルに走らせたのかもしれない。

最初は楽しいと思っていたパチスロも、借金を重ねていたころには、楽しさなど感じてはいなかった。ただ、現実から逃げていただけだった。というよりも、本当の自分から逃れるために、一心不乱にパチスロ台に向き合って、つかの間の安静に埋没しているだけだった。

ようやく確信にたどり着いた。今までの自分でいる限り、たとえギャンブルの沼に足を取られなかったとしても、別の形で報いを受けることになったはずだ。施設での毎日を過ごしていると、そんなことを思うようになっていた。

山梨に来た当初、まだ少しだけ残っていたパチスロへの未練は、いつの間にか雲散霧消していた。他人からどう思われるかを気にすることもなくなっていった。仮面を脱いで、本当の自分に向き合っている現在は、もう逃避願望などない。

ケイにあえて尋ねてみた。

今、自分を１００パーセント信用できますか？　もう二度と元の生活に戻らない自信はありますか？

「まだ、少し自分を疑っています。元に戻っちゃう心配もゼロではないです。自分の場合、小さなことでも、うそをつくようになったり、正直な生き方ができなくなったりしたら危ない兆候です。いまだに、うそをつきそうになることも、自分のミスを糊塗《こと》しそうになったり、本音を隠したりしそうになることもありますが、なんとか踏みとどまっています」

少し戸惑った表情だった。

＊

ケイの話は、ユングの著書『自我と無意識』（第三文明社）を思い起こさせた。スイスの精神科医、心理分析学者の巨人として、後に大きな影響を与えたユングだが、ここでポイントとなる言葉を挙げると「集合的無意識」、それに「ペルソナ」だ。

「集合的無意識」とは、個人の体験に基づいたものではなく、すべての人間が持っている「無意識領域」のこと。意識の根本を成す「原型」と言い換えることもできる。それと対照的に、「個人的無意識」は、それぞれの体験、環境、家族、歴史など、無数の要素によって、時間とともに形成され、変質を重ねていく。

ユングがこれを指摘した20世紀前半に比べると、現代の社会状況はあまりにも複雑化しており、個人的無意識はもちろんのこと、集合的無意識さえも、当時と同様に語ることはできそうにない。テレビや雑誌などから始まり、ネットやSNSなど、場所や時間を問わず、自分の内面にズカズカと踏み込んでくる侵入者に、「意識」も「無意識」も無防備にさらされているのが現代という時代だ。

そもそも、「個人」「集団」を分けるとき、人間として「どうあるべきか」「どうありたいか」「現実はどうか」という3つを考えることが必要となり、そこにはあらゆる要素が混在するあまり、両者を明確に分けることは難しくなっている。

ひとがある理想像をめざして自己を形成しようとすれば、あまりにも多くの誰にも共通の人間的なものが、犠牲にされるほかない。したがって、そのような「個人的」な人々はまた、きわめて敏感なのが常である。というのも、彼らの本来の（「個性的なindividuell」）性格の不愉快な部分を意識へもたらしかねないようなことが、いつなんどき生ずるかわからないからだ。

（『自我と無意識』第三文明社）

前後の文脈があるので、ここだけを抜き出して論述することはやや乱暴だが、自分が「どうありたいか」という欲望・欲求面が、「どうあるべきか」という倫理・道徳観を凌駕することは誰にでもある。さらに立ち止まって考えたとき、「現実はどうなのか」を前にして、自己嫌悪に陥ってしまった経験は、たくさんの人が持っているはずだ。

厄介なのは、その作業の大部分が「無意識」で行われているということ。

そんななか、好むと好まざるとにかかわらず、人は円滑に生きていくために、多かれ少なかれ、「ペルソナ」を活用する。日本語では「仮面」と訳されることが多いが、ユングは「ペルソナとは……（中略）、個人と社会との間に結ばれた一種の妥協である。そのひとは名前を得、肩書を手に入れ、職務を演じ、これこれの人物となる」と記した。さらに「もし無意識が意識に対して一方的に自らを貫くならば精神病の状態が生じる」（傍点筆者）と結んでいる。

おそらく同調圧力が「強め」の日本社会では、病まないためにも、周囲の視線や「常識的な決めつけ」との折り合いが不可欠であり、ここでスムーズに生きていくためには、仮面がリーズナブルな道具ともなる。

＊

ケイの場合、難関の国立大学にストレートで合格するぐらいだから、小中高を通じて学力は高く、日ごろの生活にも大きな問題はなかったことははっきりとしている。大学生になり、日々を退屈と感じれば、学校という箱庭の外で別の刺激にハマっていくことも決して特別ではないし、それがパチスロやマージャン、競馬などのギャンブル行為であることは、いつの時代でも珍しくはないだろう。

それでも、大半の学生は、卒業時期が近づくにつれ、自分の人生を預ける場所、つまり社会人としてのポジションを見つけ、そこで「身の丈に合った幸福」を探したり、次の目標に向かって努力を続けたりする。学生時代に求めた刺激――ギャンブルに限らず、バンドだったり、演劇だったり、スポーツだったり——は、記憶の片隅にそっと収納される。ほとんどは猶予期間《モラトリアム》の終焉が迫るにつれ、「個人的無意識」「集合的無意識」の両方が働いて着地点を見つけ、社会人として標準化されていく。

では、ケイの場合、どうして正義感のある刑事から、ギャンブルに依存して、万引き犯にまで転落してしまったのだろうか。

彼自身、「子どものころから、地位や立場、上下関係で人を見てしまう性格だった」と述懐するように、「勝ち組、負け組」という、使い古されたステレオタイプな二元論が思考の中心にあり、ゆえに「その場所にいる自分が、人の目にどう映るか」に強いこだわりがあったからと推察できる。

それは先天的に持っている思考なのか、自身の人生経験から生み出されたものなのかは想像するしかない。おそらく両方だろう。いずれにしても、ケイの「個人的」「集合的」な「無意識」には、いつだってギャップがあり、その帳尻を合わせるために仮面を利用した。何かの拍子に仮面がはぎとられたとき、つまりペルソナが機能しなくなったとき、たどり着いた先がギャンブル依存という精神疾患だったのかもしれない。

＊

米国の社会学者アンセルム・ストラウスは、このように論じている。

ペットは死ぬかもしれないし、おもちゃは紛失するかもしれない。そうして、また家庭が崩壊するかもしれない。この種の消失は、おそらく、人びとや関係が占有されなくなるという事実よりも――確かに、それらは絶えず占有し直されなければ不可避的に失われるに違いないが――、さらに明白である。

（『鏡と仮面――アイデンティティの社会心理学』世界思想社）

どういうことか。
人間は発見と喪失の繰り返しのなかで生活しており、ときには自分自身を見失うこともある。ただし、自分自身の本当の消失は「死」を意味する。誰もが自分のアイデンティティ――ストラウスは特定の重要な「meたち」と述べているが――を失う危険と隣り合わせであり、本人もそれに気がついているということだ。そのためにも、自分の利益のためにうそをついたり、身の周りの現実を操作したりする。これはユングの言う「仮面」とほぼ同義の概念と言っていい。仮面がはぎとられた末、そこにいる自分が拒否されることは、世界を失う、つまり精神的に剝奪されることと同義になる。

　極論すれば、ほとんどの人は、なんらかの仮面をつけて生きている。ほとんど罪のない「○○のふり」「○○っぽい振る舞い」もあれば、人を欺く「経歴の詐称」まで、その度合いはさまざまだが、どれも自分が「あるべき姿」と「現実の姿」とのギャップを、無意識に、もしくは意図的に埋めている結果だ。そして、仮面をはぎとられる機会は、いつだってすぐ近くにある。

「仮面を外されたときの恐怖」以上に、「外されるかもしれない恐怖」から逃れる場所には、自分のアイデンティティとは次元が違い、なおかつ「強い刺激」が求められるのかもしれない。酒、ドラッグ、ギャンブル、そしてネット空間やゲームなど、どれも「仮面」と無関係ではいられない。

第2章　競艇の刺激に溺れた「彼」と「彼女」

刹那の欲望が凝縮した競艇場で

自分で稼いだ金が、次々に泡のように消えていく。ギャンブルに無縁な人は「好きでやっているんだから、自業自得でしょ」と侮蔑の表情を向けてくる。

違う、好きでやっているんじゃない。ギャンブルなんかつらいだけ。楽しいと思っていたのは、最初だけだった。勝っても、負けても、もう何も感じなくなった。それでも、やめられない。どうしたらいいのかわからない……。

「彼女」がギャンブルの沼に足を踏み入れたのは30歳になってから。「彼」との出会いがきっかけだった。

年下の彼は、仕事熱心で頭が切れるタイプだった。周囲の人を引っ張っていくリーダー的存在で、頼りがいのある真面目な男性であり、ある意味、理想的な恋人だ。そんな彼の数少ないウィークポイントがギャンブル癖だった。

彼女に出会うはるか前、都内の有名私大に在学していたころから、競艇に深くのめり込んでいた。就職活動では、その場に行きさえすれば内定が確実だった一流企業の最終面接の日に、東京・江戸川競艇場で開催される大レースに出向いてしまい、チャンスを棒に振ったほどのギャンブラーだった。「好き」を通り越して、「後先を考えない耽溺《たんでき》ぶり」と言ったほうが適切かもしれない。

つきあい始めて間もなくのデートで、彼女も競艇場に連れて行ってもらった。その日の興奮は今でも鮮明によみがえる。周辺一帯の空気を震わせる爆音とともに、猛スピードのボートが水面を切り裂いていく。そこに詰めかけている観客の関心はレースの展開、それに結果だけ。誰一人として、周囲のことなど気にもとめていない。ほんの少し先にやってくる自分の未来さえ、考えてもいないようだった。

利那の欲望が凝縮した空間――。そのなかにのみ込まれながら、彼女は不思議な居心地の良さを感じていた。

「スピード感、観客の熱狂、あっという間に決まる勝負の潔さ。気が短い私は、ヒリヒリするような刺激に夢中になりました」

昼は国立大学病院の非常勤職員として働き、夜は飲食店でバイト。毎日の生活はストレスに満ちていた。つかの間の楽しみである彼とのデートと言えば、いつも競艇になった。2人一緒に、レース場で人混みに包み込まれている間だけ、心は安らぎ、日々の面倒はすべて忘れられた。

賭け金は当初の1レース1万円程度から、どんどんエスカレートしていった。やがて購入額はレースあたり10万円単位になり、1日で200万円以上も負けるほどになった。もう、給料だけではまかないきれない。2人そろって消費者金融に手を出すようになった。

「彼も私もそれなりの収入はあったのに、ほとんどが返済に消えるようになっていきました」

どうして、ここまで一気に突き進んでしまったのか。引き金を引いたのは彼との出会いだったかもしれない。だが、思い起こせば、彼女が過ごした幼年期には、いつもギャンブルの影がつきまとっていた。

特異な環境で育った幼児期

彼女が3歳のとき、父親が会社の金を横領したことがきっかけとなり、両親が離婚した。父親を犯罪行為にまで走らせた原因は競輪だった。

幼かった彼女は母方の実家に生活の場を移したものの、そちらにはパチンコ好きの祖父がいた。都内で雑貨屋を営みながらも、365日、朝から晩までパチンコ台に向き合っているような放蕩者だった。しかも、彼女の母親が仕事を手伝うようになってからは、まったく働かなくなった。そんな祖父に連れられ、彼女自身も幼稚園の頃からパチンコ店に出入りするようになった。それがいけないことだとは理解していなかった。小学2年生のときには、手持ちのお年玉が減ってきたので、増やそうと一人でパチンコ店に入り、警察に連れて行かれたこともある。

とはいっても、祖父のことは心のなかで嫌悪していた。実の娘である彼女の母親に働かせて、自分は遊んでばかりの怠惰な毎日。子どもの目には、あまりにも醜悪に映った。

「私自身、ずっとギャンブルが悪いことだとは思っていませんでした。むしろ、大人の楽しみの一つと考えていて、勝負ができない人を「つまんない人間！」と見下すほどでした。だからこそ、逆にギャンブルで身を持ち崩す人間のことはバカだと思っていたんです」

勝負にかける人は魅力的。

働かずに遊んでばかりいる人は軽蔑の対象。

いくらギャンブルが楽しくても、それにのみ込まれてしまうのはバカ。

どれも間違ってはいない。ギャンブルに走らなくても、退屈さを嫌い、日々の生活でいつも刺激を探している人はいる。自分の仕事で、ギャンブルさながら、ギリギリの勝負に明け暮れている人だって少なくない。たとえ平穏な毎日を送っている人でも、受験や就活、スポーツ、恋愛などで、のるかそるかの勝負を迫られる場面は、誰にだって訪れる。そんな瞬間は、人をキラキラと輝かせたりもする。刺激がなければ、生きている意味はない。

彼女の前に現れ、付き合うようになった彼は、ギャンブル好きではあるものの、実直で魅力的な尊敬できる人だった。そうは言っても……。あまりに深く勝負にのめり込むあまり、それで自分自身、それに周囲の人々を傷つけたりすれば話は別だ。

「ギャンブルをやめよう」と結婚したが

彼との付き合いは楽しかったが、時間がたつにつれ、ギャンブルと借金がすべてになりつつあった。当たり前のカップルのようにいろいろな場所に出かけて、時間や思い出を共有するわけでもなく、共通言語は舟券の予想やレースのオッズのみ。関心事は、「舟券を買う資金をどうやって捻出するか」「まだ貸してくれる消費者金融はないか」「持ち物を売り払うか」。

そうなると、楽しい関係も変わっていく。2人で過ごしていても、イライラばかり。けんかも絶えなくなった。競艇場にいるときの気分も以前とは違っていた。スカッとする爽快感、それに居心地の良さは徐々に薄れていき、やがてプッンと完全に消え失せた。もうギャンブルが楽しくなくなっていた。楽しくないのなら、意味はない。何度も2人で話し、「競艇をやめよう」と決意を固めた。それでもどうしてなのか、競艇が開催になると、舟券を買わずにはいられない。

決意、意志、愛情、人間関係……、人として生きていくための基本要素は、どれもギャンブルの前では輝きを失った。彼も彼女も理屈ではわかっている。だから、「家庭を築けば、きっと意識が変わり、生活スタイルも変わるはず」と考え、2人は結婚した。同時に、競艇へと走り出しそうになる衝動を、無理やり心の底に封じ込めた。

翌年、子どもが生まれた。彼女にとって、子育てと共働きは目が回るほどの忙しさだった。競艇のことを考える暇はなくなっていた。それでも幸福な日々だった。

「そう、オレは病気だよ」

夫はそうではなかったようだ。簡単に抜け出せない深い沼に、全身がズブズブに漬かってしまっていた。ある日、打ち明けられた。「隠れて競艇を続けていた。しかも、消費者金融からの借金が、再び200万円以上にふくれあがっている」と。

目の前が真っ暗になった。もう、「あのころ」とは違う。守らなければならない家庭があり、子どももいる。彼女は激怒した。

「ごめん……」

いくら腹が立っても、素直に謝られるとやっぱり大切なパートナーであり、かけがえのない家族の一人だ。何よりも、普段は穏やかな優しい夫で、子煩悩な父親でもあった。仕事もしっかりやり、きちんと結果を出す。

今回だけ――。そう思って、若い頃から自分自身で掛けてきて、何があっても手を付けずに積み立ててきた生命保険を解約し、借金返済のために夫に差し出した。もちろん、「もう二度とやらない」と誓った夫の言葉があったからだった。だが、そんな思いは簡単に打ち破られる。数年後、再び夫がインターネットで競艇の舟券を買っていたことが発覚した。しかも、今度は300万円近い借金をつくっていた。

さすがに彼女はキレた。どなり散らした。「バカ!」「死ななきゃ、わからないんでしょ?」「あんたは病気よ」

夫は憔悴した様子で涙を流した。「そう、オレは病気だよ。自分ではやめられない。助けてほしい」

「甘えないでよ！」

そう突き放しながら、彼がなにげなく使った「病気」という言葉が心に引っかかった。というのも、それまでに夫が繰り返してきた謝罪が、その場を取り繕うだけの偽りには思えなかったのだ。間違いなく、いつも心のなかから反省していたし、本当にギャンブルをやめようと考えていた。それは、自分にも痛いほどに伝わっていた。

インターネットで調べてみた。夫と同じように、ギャンブルをやめられない症例が検索でいくつも引っかかった。ギャンブル依存という言葉も初めて知った。

「これ、本当に病気だったの……？」

半信半疑のまま、依存症の治療を行っている都内の医療機関に出向いた。医師にそれまでの経過を話すと、「ギャンブル依存」と診断され、自助グループを紹介された。

「彼女」の名前は田中紀子さん。現在は、自分自身の経験をもとに、２０１４年に公益社団法人「ギャンブル依存症問題を考える会」を発足させ、代表を務めている。

どこからどこまでが病気なのか

疾患としての「依存症」。精神科領域においては、どこからどこまでが病気なのかの線引きが難しいケースは多々ある。そればかりか、「何が正常で、何が正常ではないのか」の境界線は時代、国や地域、文化、それに社会通念に左右される。

民主主義が当たり前とされる現代の日本社会においても、かつてのヒトラー、スターリン的な全体主義を信奉することは、個人の自由として憲法でも認められてはいる。が、それを実現するために、社会を混乱に陥れたり、他人を傷つけたりすれば犯罪となるし、企てただけで逮捕されたり、精神鑑定の対象となったりする。反対に、全体主義の時代に自由主義的なイデオロギーを唱えた人がいたら、「精神疾患」と判断されて病院に送られるか、「思想犯罪者」として刑務所に入れられた。

現代社会においては、アルコールや薬物、インターネット、ゲーム、買い物など、ほとんどの依存(症)が、精神科での治療対象になる。神奈川県の国立病院機構久里浜医療センターのように、各種依存症の治療に力を入れ、成果をあげている精神科の総合病院もある。

依存状態が病的なものなのか、治療すべきものなのかについては、それぞれの対象によって異なり、アルコールや薬物など、人間の体に化学的反応を起こす「物質依存」の場合は説明する必要はないだろう。一方、「嗜癖」と呼ばれるネットやゲーム、ギャンブル、買い物などの行動性の依存は、どこからどこまでが治療対象になるのかが曖昧だ。もちろん、日常生活に支障をきたしたり、経済的な不都合が生じたりすれば、医療機関が介入すべきケースとなりうるが、それでも治癒（というよりも緩解《かんかい》）に向けて、標準的なロードマップがあるわけではない。

一方、「人生において、何かにハマった経験」を持つ人は大勢いる。それがスポーツや芸術、知識の探求など、健康的で前向きなものもあれば、現代のような高度消費社会において、決して生産的ではない刹那的な過ごし方であるものも少なくない。

卑近な例でいえば、「ブランド品の買いあさり」だったり、「アイドルの追っかけ」だったり、「キャバクラ通い」だったり。そういう体験は、しばらく時間がたった後に熱が冷め、「どうして、あのときは……」と不思議に思うことが多いわけだが、楽しい時間が過ごせたのなら、それはそれであり。「ハマる」とはそういうことだろう。単なる「ハマり」と「病的な嗜癖」は区別すべきであり、さらに「依存（症）」との境界線については、すでに精神科領域の研究テーマにもなっている。

依存（症）の臨床・研究分野の第一人者である国立精神・神経医療研究センター精神保健研究所の松本俊彦氏は、次のように記している。

嗜癖／依存の問題は社会の発展と無縁ではない。
依存性物質の多くは、人類に発見された当初は宗教的儀式のときにシャーマンが用いる神聖なもの、医薬品、祝祭の日にだけ楽しむ珍重品であった。しかし、人々の生活が豊かになるにしたがい、日常的な嗜好品となった。（中略）
WHOの動きとは関係なく、実際の臨床現場では新たな動きが勃興していた。それは、病的ギャンブリング、買い物依存などの病的浪費、過剰な性行動、インターネットへの耽溺、摂食障害、窃盗癖などの嗜癖行動――かつてモノマニーと名づけられた問題行動――への依存症概念の拡張だ。（中略）
臨床的な立場からいっても、物質依存症と嗜癖行動には共通する部分が多い。たしかに嗜癖行動は、本人自身がそうした行動のコントロールに苦慮しており、実際、単なる禁止や罰では改善しない。その意味では、物質依存症と同様、「コントロールの困難さ」自体を治療・援助の対象とすることが必要なのだ。

「「ハマる」の来し方・行く末――アディクション概念の変遷について」
（『こころの科学』2019年5月、日本評論社）

口語的には読書や音楽、スポーツなどにも「ハマった」と表現することはあるが、ギャンブルとアイドル、キャバクラとの決定的な違いは、「衝動性の亢進」にあるとされる。鶴身孝介氏（京都大学大学院医学研究科脳病態生理学）は次のように説明する。

病的賭博・問題賭博患者を対象に反応抑制時の脳活動を測定した研究は二報ある。いずれにおいても、病的賭博・問題賭博群は健常群と比較して反応抑制時に前頭前皮質の活動が低下していた。これは前頭前皮質の抑制系の機能異常により衝動性が亢進していると解釈することができる。

「神経科学からみた「ハマる」」（同誌）

かつて、某アイドルグループのメンバーと「握手できる権利」を獲得するために、数十万円分もの同一ＣＤを購入する熱狂的ファンが多数いた。それだけの莫大な出費の結果、何を得られたのか。わずかな時間のアイドルとの接触、それにせいぜい「太客」として、名前を覚えてもらうことが報酬のほとんどだろう。キャバクラやホストクラブだって同様だ。意中の相手と店外でデートするために、店でたくさんの金を使う客がいる。

両者に共通するのは、「アイドルもキャバクラ嬢もホストも、いつまでも同じ場所にいるわけではないこと」、そしてもっと大切なことは「ハマっている人も、あらかじめそれがわかっている」ことだ。

アイドルのステージ、キャバクラやホストクラブの店内で、ハマった対象がいつまでも笑顔で自分を迎えてくれるわけではない。ある時期がきたら、自分と対象との関係は「強制終了」となる。通う側もそこは割り切っている。だから、アイドルがつくり出す音楽やステージを、日常における「祭り」の瞬間として常識的な範囲で楽しめばいい。もしくは、仕事を終えた後の息抜きの場として、酒を飲むときの話し相手に会うために、キャバクラ、ホストクラブを訪れて、時に散財をすればいい。

ほとんどの人は（健常者と言い換えてもいい）、ハマりとそのように向き合っている。これを「病気」と考える必要などない。むしろ、口語的に使われる「ビョーキ」に近い。

これが、「ガチ恋勢」（病的にハマってしまった人）の場合、日常生活を犠牲にしても、衝動を抑えられずに大量のCDを買ったり、店で不相応に高価な酒を注文したりしてしまう。

その結果、「強制終了」となったときには、精神的にも経済的にも途方に暮れる。

英国『カソリック・ヘラルド』誌の元編集長で「デイリーテレグラフ」紙のレギュラーライターでもあるデイミアン・トンプソンは、自分自身のアルコール、それにオピオイド頭痛薬などへの依存症経験をもとにこう記した。

たとえそれが取るに足らないことであっても、あるいは命に関わるたぐいの問題であっても、「欲望」というコンセプトが、「快楽」のコンセプトと同じぐらい重要になる。というより、たいていの場合、欲望は快楽より重要だ。なぜかと言うと、フィックスを手にすることへの期待感は、フィックスを消費した瞬間に得られる満足感に勝るからだ。消費したあとは、期待したほどではなかったという感覚がよく生まれ、そう感じると、心の中で子どもじみた怒りが爆発することがある。フィックスは私たちを幼児化する。ゆえに私たちは子どもたちと同じように、常に――そしてやっかいなことに――もっともっと欲しいと求めつづけるのである。

(『依存症ビジネス――「廃人」製造会社の真実』ダイヤモンド社)

アイドルと握手したり、キャバクラ嬢やホストと店外デートをしたりといった「フィックス」（目的の達成）はある種の満足を与えてくれるかもしれないが、むしろ、それを期待していたときの衝動、つまり気持ちの高ぶりや消費意欲などのほうが、幸福感としてははるかに強いらしい。

結局、「握手」「店外デート」などの満足は、文字通り、幻影を与えてくれるものに過ぎず、やがて「強制終了」となったときには、「そういうものだ」と割り切っている人が大半だ。喪失感への救いを求めて、医療機関に出向くケースはほとんどない。

一方で「子どもじみた怒りが爆発」したり、「あのときの自分に対する後悔」を感じたりする人もいる。怒りや後悔は、理性や論理を吹き飛ばしてしまった衝動、そして自分自身に対しても向けられる。自分がハマった対象に対する怒りは言わずもがなで、意中のアイドルに異性スキャンダルが出たり、退店したキャバクラ嬢やホストと連絡がつかなくなったりしたことで、自暴自棄になって起こった事件はいくつもある。

単なる「ハマり」と「嗜癖」、そして「ビョーキ」と「病気」など、「依存（症）」の分岐点はその辺にあるのだろう。

では、ギャンブルにハマった人、つまり依存者はどうだろう。

誰もがおそらく経験的に、そして感覚的に「ギャンブルは勝てない」と理解している。

それでも、「勝利してパチンコ店を出てきたとき」「財布の中身が大きく増えたとき」という経験や報酬期待から生じる衝動が抑えられず、真っ当な生活を犠牲にしてまでもギャンブルに向かってしまう。

そして、必ず「強制終了」を宣告されるアイドルやキャバクラ、ホストクラブと決定的に違うのは、「ギャンブルはいつでも、いつまでもそこにあって、自分を迎えてくれる」ことだ。「勝てないとわかっていながら、ハマり込んで抜けられない」という無間地獄には終わりがない。この場合の「強制終了」は、経済的な破綻、もしくは人間関係の崩壊などといった悲劇的なものとなる。

前出のトンプソンは、現代社会の食生活における「砂糖」の侵食ぶり、そして糖分依存をつくり出そうと跋扈《ばっこ》している食品産業についても紙幅を割いて言及している。

現代の繁華街を歩くのは、1990年代のゲームセンターにあったゲームで遊ぶ経験によく似ている。そういったゲームでは、ドアの陰や店頭から数秒ごとに攻撃者が襲ってきた。今や攻撃者はガタイの大きなマフィアの殺し屋ではなく、趣味よく包装されたスナックだ。ヴィクトリア駅をうろつくヒツジの群れのような人々が、毎週ごとに太ってきているように思えるのも不思議なことではないだろう？

（前掲書）

ここでは、依存者をつくるためにと、あちこちから砂糖まみれのドーナツやマフィン、カップケーキが誘惑してくることについて述べているのだが、「現代の繁華街」を「日本社会」、「攻撃者」を「ギャンブル産業」、「ヒツジの群れ」を「依存予備軍」に置き換えると、パチンコ店、各種の公営ギャンブル、雀荘、宝くじ売り場があちこちから狙っており、結果として、ここまでギャンブル依存が増えた現実が重なって見えてくる。

この上に、後述する「カジノ」でもできたら……、ヒツジの群れがさらに大きくなることは想像に難くない。

＊

ギャンブル依存を治す薬は存在しない。医師のカウンセリングが効果的な場合もあるが、治療に詳しい医師の数もまだまだ少ない。患者1人当たりにかけられる診察時間も十分には取れないため、医療機関ができることは限られている。

それを補う役割が期待されるのが自助グループだ。

国内の代表的な自助グループである「ギャンブラーズ・アノニマス（GA）」は、ギャンブル依存経験者と一緒に、参加者が「ギャンブルのない一日」を送れるようにと、定期的なミーティングなどを中心に活動している。事前予約も参加費用も必要なく、年齢、性別、経験は一切問われない。参加は自由で、何一つ強制されることはない。

目的はただ一点。「ギャンブル問題からの回復」だけだ。GAは、「いかなる宗教、宗派、政党、組織、団体にも縛られていない。また、どのような論争や運動にも参加せず、支持も反対もしない。私たちの本来の目的は、ギャンブルをやめることであり、ほかの強迫的ギャンブラーもギャンブルをやめることを手助けすることである」（GAのホームページより）と明記している。

＊

田中紀子さんの夫も、都内のGAに通うようになった。すでにギャンブルから離れていた紀子さん自身は、依存症の家族や友人のための自助グループに出向いた。夫が病気とわかった以上、妻としてなんとかしなければならない。

治したい。治さなくちゃいけない……。夫婦がそれぞれのミーティングに参加する日が続き、ギャンブルからの離脱に向けて必死になった。

「迷い」と「葛藤」、「自己否定」と「悲観」

紀子さんが参加したギャンブル依存の家族の自助グループでは、自身の内面と向き合うことが求められた。最初に乗り越えなければならなかったのは、自分の半生を振り返る苦しみだった。常にギャンブルに囲まれて育ってきた自分の環境に対して、自虐的な感情ばかりが次々に噴き出してくる結果となった。

「自分なんて生まれてこなければよかった」

夫も同じだったようだ。

「彼も幼い頃から、家族関係で問題を抱えてきました。ずっと生きづらさや息苦しさを背負って生きてきたんです。それがギャンブルへの依存となって表れていたんです」

夫婦そろって、破滅的な考えに支配されそうになることもあった。堕ちるところまで堕ちているのだから、とことん行ってしまえ――。迷いと葛藤、自己否定と悲観がないまぜになり、まったく身動きが取れなかった。夫婦そろって自分を見直し、何を求め、何が足りないのかを問い続けた。

そんな道半ばで、再び夫が失敗を犯した。

明らかに競艇からは離れていると安心していたら、今度は内緒で外貨投資のＦＸ取引を始め、再び借金を背負っていた。「正当な経済行為だ」と本人は主張するものの、心のなかにくすぶっていたギャンブルへの欲求を満たす目的であることは明らかだった。ギャンブルの沼は、想像以上に深かった。

そんな日々から抜け出すのに、４年もの月日を費やした。それでも、なんとかギャンブルの呪縛から自由になっていた。夫は競艇、それに外貨投資への欲求を完全に振り払っていた。苦労に苦労を重ねて、借金もゼロに戻した。

「夫がギャンブルから完全に抜け出したとわかったとき、ようやく自分が生きていていいんだと思えました。もう、この世に自分の居場所がないとまで考えていましたから」

「自分の一番大切なものを守る」との思い

ギャンブル依存は、アメリカ精神医学会がアルコールや薬物などによる「物質関連障害および嗜癖性障害群」と同様に分類している疾病（disorder）だ。ギャンブルをやらない人には、「なぜ、すっぱりやめられないのか？」とまったく理解できない。だが、ギャンブルを続けることで、過剰な刺激を受けた脳内の神経路である「報酬系」に異常が生じている「病気」なのだ。

例えば、同じ報酬系への刺激物質である覚醒剤などの依存に陥った人が、なかなか離脱できず、再発を繰り返すことをイメージすれば、ギャンブルも意志の力で抜け出せるほど簡単なものではないことは想像できる。

では、田中さん夫妻を救ったのは何か。

一つは「やり直したい」という強い気持ちだった。ギャンブル依存を抱えながら結婚をしたことで、同時に守らなければならない家族もできていた。自分でなく、「自分の一番大切なものを守る」との思いは、どんな苦しみにも耐えうるエネルギーになる。

もう一つは、自分と同じ境遇の仲間たち。紀子さんがつながっていた自助団体には、家族のギャンブル依存に苦しみ、悩んでいる人がたくさん参加していた。自分と同様に女性ばかりだった。一人一人が孤独と不安のなかにいながら、互いに声を掛け、相談に乗り、励まし合っていた。

「このメンバーがいなければ、私が苦しみのなかから抜け出せたかどうかわかりませんでした」

家族と仲間――。本当の苦難に襲われたとき、人間は一人ではいられない。

カジノ施設で新たな「依存の芽」が

彼女と彼、つまり田中さん夫妻がギャンブルの沼から抜け出した2014年ごろ、日本の国会では、ある事案を巡って、議論が巻き起こっていた。

統合型リゾート（IR）法案。俗に言う「カジノ法案」だ。

国内にカジノ施設が設置されることで、外国人観光客の増加による観光産業の成長、インバウンド需要の活性化、税収増、新規雇用の開拓など、経済効果に向けての夢のような期待が語られた。もちろん、光が差せば、同じ場所には影もできる。カジノ設置の懸念材料として、ギャンブル依存の問題も俎上にあがっていた。それを裏付けるかのように、2014年8月、厚労省の研究班によって、目を疑うような衝撃的な数字が発表された。

「国内にギャンブル依存が疑われる人口は536万人」（17年の調査では320万人）

当時のアルコール依存症109万人をはるかに凌駕し、インターネットから離れられないIT依存の421万人をも上回る数字だった。この発表は、紀子さんにもショックを与えた。

「ギャンブル依存の人の家族を含めたら、苦しんでいる人はとんでもない数になる。生きる場所がないとまで感じていた自分のような人が、日本国内にこんなにたくさん……」

誰もが心のなかに傷を抱え、それを隠しつつ生きている。人には話せない、話してはいけないとも考えている。ギャンブル依存を抱える500万人以上の人とその家族の気持ちが、紀子さんには手に取るようにわかった。

「誰もが自分のことは、自分でなんとかしなければいけないと思い込んでいる。助けを求めることを知らないから、状況は悪くなっていく一方なんです」

アルコールや薬物に比べて、ギャンブル依存の自助団体は医療機関とのつながりが希薄で存在が見えにくい。「どこで相談したらいいのか」どころか、相談できる場所があることさえ知らない人が多い。底なし沼から生還したばかりの紀子さんの心のなかで、何かが強く突き動かされた。

「自分がやらなくちゃ」

当時、ギャンブル依存の家族を持つ女性100人ほどが、家族会や相談会などで知り合い、SNSでネットワーク化されていた。このメンバー全員に呼びかけた。

「今の状態を放置したら、本当に日本はダメになる。先頭は私が走るから、各地域で相談会やセミナーを開くのを手伝ってほしい」

全国各地の仲間たちが応えてくれた。間もなく、ギャンブルに悩む家族を持つ「女子会」が母体となってネットワーク化され、「ギャンブル依存症問題を考える会」が発足した。

医療機関と自助団体の連携プレー

ギャンブル依存は、治療できるのか。そもそも、この疾病に対する医療機関の役割とは何か。

効果的な薬剤はなく、限られた医師の診察時間で、患者の意識を変えていくには限界がある。アルコールや薬物などのように、患者を強制的に入院させて、体内の依存物質を抜くこともできない。ここがギャンブル依存の難しいところだ。

昭和大学附属烏山病院（東京都世田谷区）精神神経科講師の常岡俊昭医師は、2019年、新たな取り組みをスタートさせた。おもにアルコール依存症の自助団体などが使っている「SBIRTS（エスバーツ）」の方法論を、ギャンブル依存の患者にも応用するというものだ。

SBIRTSとは「Screening（依存程度の確認）」「Brief Intervention（簡易介入、カウンセリ

ング)」「Referral to Treatment(専門医療者への紹介)」「Self-help Groups(自助グループにつなげる)」の頭文字をつなげたもの。本来は、自助団体が主体となる取り組みではあるが、医療機関と一体化して、患者の治療にあたっていく試みだ。常岡医師は、ギャンブルに対して、医療機関側からのアプローチに応用した。

ギャンブル依存の患者にとって、自助団体には、医療機関とは違った「入りにくさ」がある。「依存から抜け出したい」と切望しても、自助団体に対しては「似たような人間が集まり、お互いの苦労話をしている程度だろう」「行っても意味がない」と考えがちになるからだ。

「入りにくさ」というよりも、「入りたくない」「仲間になりたくない」という、感情的な抵抗感が先行してしまう。医療の限界を、患者全体で乗り越えるための効果的な仕組みなのに、患者の先入観が邪魔をしているわけだ。常岡医師は、自分の外来にやってきたギャンブル依存の患者に対しては、診察の場で必ずGAなどの自助団体に電話でアポイントを入れ、患者をつなげるようにしている。

「ギャンブルの問題で医療機関に足を運んでくる患者さんは、本気で治したいと考えているマジメな人が多い。だから、患者さんの目の前で自助団体に電話して、その場でアポを取る。有無を言わせずに行ってもらうようにしています。自助団体に行くことを勧めるだけでは、ほとんどの人は足を運んではくれませんから」と話す。

依存の陰に隠れている疾患も

さらに、「ギャンブル好き」が「ギャンブル依存」へと変わる背景には、患者本人が精神神経系の疾患を抱えている場合が少なくない。具体的には、うつやＡＤＨＤ（注意欠如・多動症）、気分障害、発達障害、パーソナリティー障害などが、依存の陰に隠れているケースが散見されるという。

常岡医師は言う。

「ギャンブル依存で外来にやってくる患者さんは、高率でうつ病を発症しています。自殺念慮など、命の危険があるほどの重大な状態なら、無条件で入院治療を勧め、まずそちらの治療をします。逆に、元々、ＡＤＨＤがあったり、不安障害があったりする人がギャンブルにハマり、借金などで自責的になって、うつになるケースも少なくありません」

２００９年の厚生労働科学研究「いわゆるギャンブル依存症の実態と地域ケアの促進」によると、ギャンブルで問題を抱えた人の62・1パーセントに自殺念慮があり、40・5パーセントには自殺意図があったとされる。

医師が「病気なんだから仕方ない」と諭しても、「いや、自分が悪いんです」と思い込んで譲らず、自分を責めて、うつ状態に陥る患者。それが命にかかわる危険性を考えると、ギャンブル依存は軽視してはならない精神疾患であることがはっきりわかる。

だが……。

2018年10月、政府は「ギャンブル等依存症対策基本法」をスタートさせた。将来のカジノ設置を視野に入れた法律であることは言うまでもない。ここで見逃してはならないのは、法律の名称が「ギャンブル依存症対策」ではなく「ギャンブル等依存症対策」であること。法令の本文には、こう書かれている。

第二条　この法律において「ギャンブル等依存症」とは、ギャンブル等（法律の定めるところにより行われる公営競技、ぱちんこ屋に係る遊技その他の射幸行為をいう。第七条において同じ）にのめり込むことにより日常生活又は社会生活に支障が生じている状態をいう。

それまでパチンコ・パチスロは、法的に「賭博」ではなく、「遊技」であるとの認識がまかり通ってきた。その根拠は、店内では、自分が獲得した「出玉」をプラスチックケースに入った「金片」、ライター、ボールペンなど「特殊景品」などに交換にして、それを店外で換金する「三店方式」という「ご都合主義」にある。だが、今回の基本法では「公営ギャンブル」と並んで、「パチンコ店での遊技その他の射幸行為」が対象として指摘された。ギャンブル「等」と一歩引いて、すれすれで区別しようとはしてはいるものの、「病的賭博」の原因としてパチンコ・パチスロが認定された。

法律における「ギャンブルではないけれど、ギャンブル依存（症）の原因」という、失笑を禁じ得ない論理破綻はともかく、国内の至るところにあるパチンコ店が、疾病の原因の一つと法律に明記されたことは、今後に向けての前進と考えることができる。

しかし、一方で、すでに、毎日どこかで競馬、競輪、競艇、オートレースなどの公営ギャンブルが開催され、至るところにパチンコ店が点在していることが現実である以上、ギャンブル依存の問題が法律で解決するわけでもない。むしろ、ギャンブルに対して、法的な縛りを強めることで、存在が「裏」に回る副作用のほうが、問題が大きくなるとの指摘がある。

この問題に詳しい東京大学教養学部の米本昌平客員教授は、「すでに、いくつもの闇カジノが摘発されてきており、今後はパソコンやスマホを使った非合法のネットカジノが身近になる可能性がある」と「裏ギャンブル」の危険を指摘する。

人間には「勝負をしたい」「スリルを味わいたい」との欲求がある。それを無理やり押さえつけるのではなく、健康面や社会生活に悪影響を与えない範囲で、ギャンブルを「楽しむ」ことができる環境は、日常的な「息抜き」になると同時に、勝負への渇望に対する「ガス抜き」の効果があることも考えておくべきかもしれない。

どこにでもある、当たり前の病気として

日本社会のあちこちにあるギャンブルの沼は、一朝一夕に解消できるようなものではない構造的な問題だ。では、ギャンブル依存を解決するための処方箋はないのか？　禁煙補助薬や抗酒剤のような「ギャンブルをしたくなくなる薬」が開発される日を待つしかないのか？　「考える会」で、現在も代表として活動している田中紀子さんはこう話す。

「ギャンブル依存は科学的に認められた病気です。ギャンブル産業は、「依存症なんかない、個人の問題だ」と強弁していますが、そのままでは解決の糸口は見つからない。どん

な産業でも、発展や拡大をしていけば、負の側面や副作用が出てくるもの。だから、ギャンブル依存の問題から目を背けず、それが病気であるという認識をしっかりと持ってほしい。その上で、一緒に解決策を探っていきたい。私たちは、「ギャンブルなんか、なくなればいい」なんて、一度も言ったことはないんです」

ギャンブル依存が疾患として存在するのは事実であり、それを生み出しているのは日本社会の構造、そして患者の心のスキの両方があってのこと。ギャンブル産業だけが責任を負うべきではないし、もちろん患者が悪いだけでもない。がんや生活習慣病、認知症などのほかの疾患と同様に、原因のすべてを消し去ることは不可能ではあるが、一方で社会復帰できる手段があることも、ほかの多くの疾患と同じだ。

患者本人や家族、それに周囲が「自業自得」「恥」「意志が弱い」と責める傾向がある限り、ギャンブルの沼に沈み込んだまま、はい上がってくるのは難しくなる。「どこにでも当たり前にある病気」と誰もが認識して、それを包容できる社会にしていくことが、患者を早期に回復させせられる唯一の方法論かもしれない。

予防できるなら予防する。治るのだったら、治せばいい。病気とはそういうものだ。

【コラム】ギャンブル依存に対して、医療ができること

先に紹介した常岡俊昭医師に、「ギャンブル依存に対して、医療ができること、できないこと」について詳しく聞いた。

――アルコールや薬物など、肉体的に離れられなくなる依存とは異なり、ギャンブルは行動面での依存です。治療における違いはありますか?

アルコールや薬物には離脱症状が出る場合が多いので、身体的な手当てや管理が不可欠となります。一方、ギャンブルの離脱症状に対しては、患者さんのイライラ対策など、精神的なケアがほとんどです。それ以外は、医療側の対処は大きくは違いません。

――とくにギャンブルの場合、患者さんが金銭面で困難に陥ることが多い。医療はどこまで踏み込んでいくのか、難しい部分だと思います。

原則、そこに医療は踏み込まないですね。金銭面などは、医療よりも家族会、当

事者の自助グループのほうが詳しいし、解決への道筋も得られやすいと思います。たとえば債務について困って、弁護士に相談する必要がある場合、自助グループや家族会ならアドバイスも受けられます。

――いずれにせよ、医療と自助団体、家族会の連携が不可欠なわけですね。では、重度の依存者、つまりお金は使い果たし、家族にも迷惑をかけ続けているような患者さんが治療に来た場合、どのような治療アプローチで？

最初に、患者さんが抱えている問題が、ギャンブル依存だけなのかを見極める必要があります。重度のギャンブル依存に陥っている人には、かなり高い確率でうつ病が見られます。うつが原因で思考が止まってしまっている人に、認知行動療法をやっても効果はありません。きちんと頭が働く状態にもっていくために、まずはうつ病の治療が必要になります。

――うつ病の「治療」となると、医療でなければ対処できませんね。

ただ、ギャンブルがきっかけで、経済面に問題を抱えたことでうつ病になり、それが自殺念慮につながっている人などは、視野狭窄《きょうさく》に陥っていることが少なくありません。まずは、物理的に安全な場所で、少しゆっくりしてもらうことが大切です。その場合は、病院への入院に限らず、依存症回復施設などで穏やかに時間を過ごすことが、改善を促す場合もあります。

——うつ病になるきっかけはさまざまだと思います。ギャンブルがきっかけで経済的な問題を抱えてうつ病になるのは理解できますが、もともとうつ病を持つ人が、ギャンブルに走ってしまうケースもあるのですか？

ありますね。ギャンブルをやっているときは、脳が興奮しています。つまり、うつ病が原因で、元気や活力がなくなっているときに、ギャンブルが救いになることがある。もしくは、一時的であれ、うつ病によって背負っている「つらさ」が、ギャンブルの興奮によって緩和されることもあります。うつ病の人で、お酒を飲んで元気になるケースもありますので、ギャンブルも同様です。

——うつは「生きづらさ」から発症することも多いと聞きます。ある意味、逃げ道としてギャンブルに走ると？

自己治療みたいなものかもしれません。長期的な生きづらさはともかく、短期的に自分で解決しようと考えた結果、何に走ったのかということです。ある人はアルコール、ある人は処方薬を含めた薬物が対象になる。そして、ギャンブルが自分に合っていると感じる人もいます。

――今の時代は、社会のあちこちに「生きづらさ」が蔓延しています。そこから逃れたくて、アイドルやアニメに没入してしまう人もいるし、風俗やキャバクラなどに救いを求める人もいる。もちろん、すべてが悪いとは思いませんが、仕事や勉強、家族や友人・知人とのコミュニケーションなど、当たり前の社会生活が阻害されようになると、生きづらさへの「救い」が「問題」へと変わってしまいます。

生きづらさからギャンブルに走り、結果的にうつ病になる人もいます。ギャンブル依存の人のなかには、過去にうつ病を発症した経験があったり、躁鬱《そううつ》の傾向があったりするケースも散見されます。たとえば、ＡＤＨＤ（注意欠如・多動症）があるために、社会においての生きづらさを感じていて、その結果、ギャンブルが引き金になってうつ状態になった人も少なくないです。

――取材では、ギャンブル依存で苦しんだ人とたくさん会いましたが、ほとんどがまったく正常な思考力を持ち、愛すべき人間性を持った人ばかりでした。「ギャンブル依存者」というと破滅型ばかりを連想してしまったけど、まったくの見当違いで、自分の先入観を恥じました。

依存からの回復過程で、「生きなおし」をやっていくと、自己理解が進んでいき、「生きづらさ」はかなり緩和されていきます。本当に自分を取り戻した後、過去に依存でひどい生活をしていたことなどが信じられないほど、尊敬できるような素晴らしい人格になっている人が多いのは確かです。

――たとえば、消化器や呼吸器の病気、感染症などなら、回復に向けたロードマップ、つまり標準治療的な計画を描きやすいと思いますが、ギャンブル依存となると、難しくないのですか？

精神疾患は、科学的な「仮説」に基づいて治療しているわけです。血液検査や画像診断などではっきり結果や経過が出るわけではありません。症状が劇的に改善するわけではなく、治療には時間がかかります。「薬を出して終わり」というわけにもいきません。でも、精神科には、薬の選択などを考えるよりも、患者さんに寄り添いたいと考えている医師が多いはずです。

自分の力、つまり医療的なケアで治ったのかどうか実感できない部分もあるので、若い医師などには達成感がない部分もあるかもしれません。ただ、初対面のときには「この人はヤバいな」と感じた人が、しばらくして自分なんかよりも、はるかに優れた人格に変わっていることがある。それはすごいことだし、医師としてのやりがいも感じます。

――ギャンブルは、「好きでやっている」「遊びでやっている」と考える人が大半です。「好き」や「遊び」には、必ず「程度の差」があるので、それを何らかの尺度に当てはめて、「ここから先は依存症」と分けるのは難しいと思います。だからこそ、自ら「ギャンブル依存は病気」と自覚する人のほうが珍しいはずです。もう一度確認しますが、ギャンブル依存は病気と認識していいのですね。

現在では、WHO（世界保健機関）も認定しているし、むしろ「病気ではない」と言い切るのは難しい。精神科医として臨床で見ていても、ギャンブル依存は、本人の意思や自覚だけで解決できる問題ではないことがわかります。うつ病や統合失調症が病気であるのなら、ギャンブル依存も間違いなく病気だと思います。

――現在は、ギャンブル依存への治療は、保険も適用されるようになっています。ただ、積極的に治療に取り組んでいる医師は、まだ少ないと思います。「なんとかしたい」と考える患者や家族は、どうすればいいのでしょうか？

地域の精神保健福祉センターに相談するのがいいと思います。それぞれの地方で、ギャンブル依存を扱っている医療機関を把握しているはずです。医療機関だけでなく、自助団体や回復施設のことなども教えてくれます。

そもそも、医療機関だけですべてを解決できるわけではありません。ギャンブル依存に伴う「生きづらさ」などについては、それがきっかけであれ、結果であれ、医療、つまり精神科でケアができますし、認知行動療法も効果が期待できます。ただし、何年も医療機関で治療をし続けることは現実的ではないので、どこかのタイミングで自助団体なり、回復施設との連携が欠かせなくなります。

だから、スタート地点として医療機関に来てもらうのはいいと思います。うつ病や統合失調症などの原因があって、ギャンブル障害を起こしているのなら、状況を見極めて、対処できるのが医療です。ただし、依存状態から抜け出すためのメインの部分は、医療よりも、自助団体のほうが適しているとも考えています。

第3章　一攫千金の誘惑

大手企業を「自己都合」で退職する理由

福島県の40代男性Bさんの借金総額は400万円を超えていた。複数の消費者金融から限度額いっぱいに借り続けた結果、返済に行き詰まり、自分の力だけで解決する道筋は、完全に見失っていた。

残された手段は、「任意整理」「民事再生(個人再生)」、もしくは「自己破産」しかない。債務整理の相談のため、Bさんは地元・郡山市の「あさか司法事務所」を訪れた。

オフィスで応対した安藤宣行代表が、借金の理由を尋ねると、「病気の家族の治療費のためだった……」と憔悴した様子で話した。

「大変でしたね。なんとか整理をしていきましょう」

元気づけるようにそう言いながら、Bさんの職歴書に目を落とした安藤さんは違和感を覚えた。

「これは変だ……」

＊

Bさんは30代のころ、県内で名の知られた大手企業を「自己都合」で退職していた。すぐに、別の地元中小企業に再雇用されているが、かつての勤務先に比べると、待遇や収入の面で大きく見劣りがする。会社を辞める理由は人それぞれだろうが、家族の医療費で多額の借金を抱えている事情を考えると、この「自己都合」は腑に落ちない。

もちろん、理由はどうであっても、司法書士としては、全力を尽くさなければならない。安藤さんは、すぐにBさんの債務整理に着手した。

借金の内容を詳細に検討した結果、いくつかの消費者金融には「利息の過払い金」が発生していることがわかった。手続きで返還を求めることができる。

そのことを伝えると、それまで落ち込んだ様子だったBさんの表情がいきなり変わった。「金は戻ってくるのか?」「それはいつになるのか?」と執拗に尋ねるようになった。いくらかの過払い金が返還されたとしても、借金がチャラになるわけではない。すぐに別の債務返済に回す必要がある。

にもかかわらず、それ以降のBさんは、安藤さんの顔を見るたびに「いつ、現金は手に入るのか」ばかりを気にするようになった。家族の治療費でやむを得ず借金した人が、目先の現金に固執する姿は明らかに異様だった。

当時を回想しながら、安藤さんはこう説明する。

「収入や待遇面で恵まれている勤務先をいきなり辞めてしまう理由は、自分の退職金が目当てのケースが少なくありません。ギャンブルなどで借金が膨らんでしまうと、勤務先を辞めて、その退職金で返済するのです」

依存の対象は「宝くじ」

安藤さんが覚えた違和感は、当を得ていたようだった。

Bさんは数年前にも大きな借金を背負っており、全額を一括返済していたが、その原資は前の会社からの退職金だったことがわかった。逆に言えば、借金を返すために、会社を辞めざるを得なかったということだった。

2度目ともなると、さすがに勤務期間が短く、退職金が十分に積み上がっているわけではない。今回はそれに頼ることもできず、法的な整理しか手段はなかった。だが、Bさんは借金の本当の理由を自分の口からは語らなかった。安藤さんがそれを知ったのは、すべての債務整理手続きが終了した後のこと。しかも偶然だった。

たまたま、Bさんのことを知っていた知人がいた。その人の話では、Bさんは「ロト6」「ロト7」などを大量に購入する「宝くじ依存」とのことだった。あちこちの売り場で、何度も何度もBさんの姿を目撃したという。

それにしても、多額の借金を抱えてまで宝くじにのめり込むとは……。

日本国内のギャンブル依存の原因は、パチンコ、パチスロが大半を占める。そのほかには、競馬、競輪などの公営ギャンブル、違法の裏カジノ、オンラインカジノなどと並び、FX取引や先物取引、仮想通貨などへのハイリスク・ハイリターンの投資、さらに宝くじも依存の対象となる。

大当たりすれば、人生を一変させてしまうほどの大金が手に入る宝くじだが、そんな幸運に恵まれる確率は限りなくゼロに近い。夢は買えるが、「儲かる確率」を考慮すると、ギャンブルとしてはまったく割に合わないことがわかる。

全国自治宝くじ事務協議会によると、２０２１年度の宝くじの総売り上げは８１３３億円。それに対し、当選金として支払われる総額は３７５８億円で、単純な還元率は46・２パーセントに過ぎない。しかも金額の多くは、一握りにも満たない高額当選者がごっそりと持っていく仕組みだ。

宝くじには「戦略がある」と

同じく、協議会の調べによると、直近1年間に宝くじを購入した人の平均金額は2万6650円だった（2019年度）。あくまでも1人当たりの平均額なので、この数倍から数百倍を「くじに突っ込む人」も少なくない。

パチンコや競馬、マージャンなどに比べると、宝くじには論理的な戦略、技術が入り込む余地はまったくなく、売り場や購入日時などで研究を重ねたつもりでも、「おまじない」「ゲン担ぎ」の範囲を出ない。

ネットで検索すると「ロト・ナンバーズ攻略」「〇〇必勝法」の類《たぐい》はいくつもヒットするが、当然ながら根拠に基づいたものなどあるはずもなく、「オカルトレベル」に過ぎないものばかりだ。

少し前、米ミシガン州の老夫婦が、数学的知識を応用しながら、独自に生み出した宝くじ必勝法で、日本円にして28億円以上を稼ぎ出したことがニュースとなった。そのからくりは、「ロールダウン」と呼ばれる、米国の宝くじ独特の「キャリーオーバー」分配法のスキを突いたものだった。

日本国内のロトやサッカーくじでも賞金額のインフレが続き、現在では「1等10億円」なども普通に存在している。ところが米国では、桁違いのスケールとなることがあり、2022年11月には2970億円の当選が出たことが話題になった。

日本の場合は、当選者が出なかった場合のキャリーオーバー額にも天井がある。当選者が出たら、一定額の上乗せ賞金を支払い、さらに上限を出た分については、次回当選者に振り分ける仕組みだ。

米国では、地域や種類によってさまざまなようだが、原則、キャリーオーバー分は次回当選者に一気に支払われるという。さらに、そのキャリーオーバー分は、一定額を超えると、1等以外の当選者にも分配される。

数学オンチの筆者にはなかなか理解が難しい理論なのだが、ミシガン州の老夫婦はその仕組みを合法的に突く手法で大金を獲得したらしい。

したがって、1等賞金のみにキャリーオーバーの恩恵がある日本のロトやサッカーくじには使えないことから、やはり必勝法などは存在せず、そもそもギャンブルとしても成立しないわけだ。しかも、宝くじには、ゲーム的な娯楽性、リアルタイムの「しびれるようなスリル」にも乏しいため、外部から見ると「なぜ、依存してしまうのか？」と疑問に感じるが、「大金をつかみ取る利那の夢」に向かって、「自分なりの戦略がある」と信じているからゆえ、当事者には十分な娯楽性やスリルがあるのだろう。

年末ジャンボ宝くじのシーズンになると、特定の売り場（東京の西銀座チャンスセンターなど）にできた大行列が、毎年のように報じられる。しかも、窓口の番号によって、行列の長さが大きく異なっていることが一目でわかる。確率論を考慮すればご苦労なことには違いないのだが、イベントとして楽しんでいるのだから、外野がどうこう言う話ではないし、むしろ、これこそが宝くじの楽しみ方と思わないでもない。

ちなみに、中央競馬（ＪＲＡ）の場合、競馬法で還元率が決められており、原則では単勝・複勝が80パーセント、枠連・馬連・ワイドが77・5パーセント、3連複75パーセント、3連単72・5パーセント、ＷＩＮ5は70パーセントが当たり馬券の払い戻しに回される。つまり、「胴元」であるＪＲＡの取り分は、20から30パーセントだ。

パチンコ・パチスロは、法的にはギャンブルではなく、「遊戯」なので、法に基づいた還元率などはあるはずもなく、実際には店舗ごとのブラックボックスのなかだが、一般的には80パーセント以上とされている。

一方、宝くじの場合、収益金の38・2パーセントが、少子高齢化、防災、公園整備、教育、社会福祉施設の建設改修などの財源として利用される。国の事業としての意義は否定しないまでも、「胴元」である国が「ベット額」の半分以上を持っていくことを考えると、一般的なギャンブルとしては、まったく割に合わないことがはっきりしている。

＊

司法書士として安藤さんは、ギャンブル由来の債務整理例で、勤務先を去らなければならなかった依頼者を何人も見てきた。

Bさんの場合、1度目の借金は退職金で返済し、2度目は法律の範囲で債務整理をした。決して褒められたことではないが、借金の取り立てから逃れるために、いきなり姿をくらませたり、犯罪に走ったりすることに比べれば、自分なりに「けじめをつけた」とも言えるかもしれない。

だが、会社の同僚同士の金の貸し借りトラブルや、親睦会の幹事がメンバーの積立金に手を付けてしまったことなども枚挙にいとまがない。

膨らんでいく借金の督促に耐え切れず、債権者から姿を消すために生活を投げ出し、手っ取り早くホームレスになってしまう人も少なくない。

ギャンブルが原因でホームレスに

厚労省が2022年に発表した「ホームレスの実態に関する全国調査」によると、全国で確認されたホームレスの数は3448人だった。ちなみに、「ホームレスの自立の支援等に関する特別措置法」、および「ホームレスの自立の支援等に関する基本方針」では、「都市公園、河川、道路、駅舎その他の施設を故なく起居の場所とし、日常生活を営んでいる者」がホームレスと定義される。調査方法は「市区町村による巡回での目視」なので、曖昧さや認知バイアスなども考慮に入れなければならないが、ほかに資料が見当たらないので、この数字が現状を示していると考えたい。

約3500人という数字が多いかどうかの判断は難しいが、日本国憲法第25条では、「すべて国民は、健康で文化的な最低限度の生活を営む権利を有する」と「生存権」が保障されている。定住地、定職を持たず、社会保障など「国民のだれもが持っている権利」さえも放棄しているのだから、人数の多寡は別にして、ホームレスはすべて「わけあり」と考えていい。

国内でホームレスへの支援をしてきた「ビッグイシュー日本」共同代表の佐野章二さん

は、長年の経験からこう断言する。

「ホームレスになってしまう最大のきっかけは、借金からの逃亡。とくにギャンブルが原因である割合が大きい」

　1991年に英国で生まれた雑誌『ビッグイシュー』は、月2回、発行されてきた。それを翻訳したものを日本版として刊行。2003年から街角でホームレスが1部450円で販売して、1冊の売り上げのうち230円のインセンティブ（歩合）が売り手の手元に残るモデルをつくり上げた。東京や大阪の繁華街などでは、道端に立ったまま雑誌を掲げている人を見かけることがある。

　これまで日本では累計で900万部以上が売れ、労働対価としての収入機会を提供することで、ホームレスの自立を支援してきた。もちろん、全員がギャンブル問題を抱えているわけではない。それでも、数えきれないほどのホームレスと向き合ってきた佐野さんはこう訴える。

「人間の当たり前の生活を破壊する可能性には、職場での人間関係、恋愛、アルコール、薬物などさまざまあります。でも、たちまちのうちに、1人の人間、一つの家族を完璧に崩壊させてしまう可能性があるのがギャンブルと薬物です。そもそも、借金してまで酒を飲む人はいないからね」

＊

実は、ホームレスとギャンブルの関係はすでに江戸時代から続いていた。

江戸時代の後半に記された随筆で、前者の『後見草』（天明七〈一七八七〉年頃板）によれば、大道で猥褻な絵を公然と販売し、千住や浅草ではさいころ賭博の丁半やちょぼ一の店が一里（約三・七五キロメートル）も続いていたという。また、吉原などの廓の近くでは、お花独楽という独楽賭博や役者の紋を描いた台紙を賭紙にする賭博がおこなわれ、夜間も灯火の下で人々が賭博に群がり、人品賤しからぬ者たちも多勢集まっていたという。

後者はその少し前に出板された『北里劇場隣の疝気』（宝暦一三〈一七六三〉年板）で、もうこの頃から独楽賭博は盛んで、賭博で渡世する者も少なくないという。賽賭博やかるた賭博も流行していて、賭博の方法を知らない者は「野暮」とよばれて馬鹿にされた、と述べている。

（増川宏一『賭博の日本史』平凡社）

ささやかな金額や身の回りの品物を賭けて、大小のギャンブルが行われていた賭場に集まる者には、農民だけでなく、下級武士も混じるようになり、江戸時代中期には全国にたくさんの賭場が出現したという。

当時の主要産業といえば、言うまでもなく農業である。作物の生産力がピークアウトし、封建制度の矛盾や相次いだ天災などが理由となって、農村から離脱したり、無宿になったりする者が増加した。江戸時代は、ちょっと奮発すれば庶民も楽しめる歌舞伎や浄瑠璃、寄席、相撲などの娯楽はあったが、生活困窮者の農民や無宿者には高嶺の花だったに違いない。

基本、人生が退屈なものなのは、今も昔も変わらないのだろう。それでも、スマホやパソコンがあれば、あっという間に時間が飛んでいってしまう現代とは違い、かつての人々にとっては、平均寿命の短かった人生でさえ、長く感じたのかもしれない。

当時の賭博が人を吸引する力は、かなりのものだっただろうし、今日明日の食事や寝床を得ようと、もしくは人生の一発逆転があると信じて、無宿者がサイコロの出目にわずかな有り金を託していたのだろう。

日本は世界一のギャンブル依存大国

運用方法に課題はあるにしても、生活保護というシステムがあり、国民皆保険に守られている日本でも、ホームレスが後を絶たない現実を踏まえ、独自に「ギャンブル依存症問題研究会」を立ち上げた「ビッグイシュー基金」は2016年、ギャンブル問題当事者の体験談集『ギャンブル依存症からの生還――回復者12人の記録』を発行した。

「高校生のときにパチンコにはまり、消費者金融からの借金を重ねて、最後にはコンビニ強盗で逮捕された20代男性」「育児ノイローゼのため、子供を預けて逃避したパチンコがやめられなくなり、やがて精神科にかかって安定剤の薬剤治療を受けつつも、泣きながら打ち続けた40代主婦」……。

掲載された体験談を目で追っているだけで、読む側の胸は張り裂けそうになる。

さらに、ビッグイシュー基金は、2015年、18年の2度にわたって冊子『疑似カジノ化している日本』を発行し、気鋭の学者らと一緒に、統計的な根拠などに基づいてギャンブル依存の問題を多角的に検証した。GDP世界第3位の先進国が「国家的疑似カジノ」とはなかなか過激だが、まとめられたデータを見る限り、それが決して大げさではないことが理解できる。

たとえば、各国の「ギャンブル障害（依存）」の有病者割合。

アメリカ０・４２（ラスベガスに限ると３・５）パーセント、カナダ０・５パーセント、英国０・５パーセント、スイス０・８パーセントなどの数字が並ぶが、日本はなんと３・６パーセントだった。アジアでも、カジノが盛んなマカオでさえ１・８パーセントなので、日本の突出ぶりは際立っている。しかも、日本国内の２００８年の調査にさかのぼると、男性９・６パーセント、女性でも１・６パーセントと、目を疑うような結果が出た。

電子ギャンブル機数は米国の5倍、イタリアの10倍以上

驚くデータはまだある。

もともと、ギャンブル（賭博）は、伝統的にルーレットやカードなどのテーブルゲームが主流だった。日本でも、江戸時代にはサイコロを使った「丁半賭博」、昭和になると「花札」「賭けマージャン」が中心だった。

ところが、１９９０年代からは、スロットマシンなどに代表されるＥＧＭ（Electronic Gaming Machine）、いわば電子ギャンブル機が、世界的に広がりを見せた。

「ゲーム機械世界統計2016」の国別EGM設置台数によると、米国86万5800台、イタリア45万6300台、ドイツ27万7300台などの2位以下を大きく引き離し、日本は457万5500台。文字通り、桁違いの結果となっている。それがパチンコ台、パチスロ台であることに疑問を挟む余地はない。

国ごとの調査方法の違いを考慮したとしても、ビッグイシュー基金が「日本は疑似カジノ化している」と断言していることは大げさではなさそうだ。

「大通りに堂々と、博打宿が出せるんだとよ」

限られたエリアにギャンブルの機会が凝縮する海外のカジノとは違って、日本国内では人の集まる場所には、必ずといっていいほどギャンブル施設が点在する。これはパチンコだけの問題ではない。最近は減ってきたものの、かつては街のあちこちに麻雀荘があった。そこでは、仲間内だけのゲームにとどまらず、居合わせた者同士が現金を賭けて卓を囲む「フリー麻雀」が当たり前のように行われていた。

昭和の人気作家、阿佐田哲也は、小説の登場人物にこう言わせた。

「お前もそうだろうが、俺も小さい時から博打場で育った。博打ってものア、大きな顔で人前でやるもんじゃねえって教わってきた。俺たちはいつもコソコソ、裏街道を歩いてきたもんだ。ところが、有難え世の中になったもんじゃねえか。戦争に負けたおかげで、大通りに堂々と、博打宿が出せるんだとよ。俺ァ夢みたいだぜ」

（『麻雀放浪記㈠青春編』角川文庫）

今でも、都会や地方を問わず、学校の近くだろうが、病院の近くだろうが、大通りに堂々とギャンブル施設がある。阿佐田いわく、「大きな顔で人前でやるものではないと教わってきた」にもかかわらず――。そんな国は、世界を探しても、おそらく日本ぐらいのものだろう。

だからといって、パチンコ・パチスロ店、競馬や競輪などの公営ギャンブル、麻雀荘、さらに宝くじをやり玉に挙げても意味はない。法律の範囲で、ささやかなスリルを良識的に楽しんでいる愛好者もいて、ギャンブルにおける一喜一憂が日常生活のアクセントになっていることも忘れてはいけない。

「依存の元凶」として、パチンコやパチスロばかりを頭ごなしに糾弾しても解決につながらないし、そもそも法的には「3店方式による遊戯」を標榜している以上、現状では強制的に規制をかけたり、閉店させたりすることなどはできるわけがない。さらに、機器メーカー、パチンコ・パチスロの店舗、景品交換所などで働く人には、自分の生活を守る権利がある。わずかなお小遣いで「遊戯」を楽しんでいる人だっている。問題は、日常の風景となっているギャンブル（遊戯）施設ではなく、依存を生み出す構造のほうだ。

＊

日本におけるギャンブル依存の高さの原因の一つには、これまでギャンブルと依存の関係がきちんと研究されてこなかったこともあるという。

東京大学の米本昌平客員教授は「これまでは、ギャンブル依存に至る実態については、だれもまともに研究してこなかった。スイスでは、カジノ導入の際、入念に調査をした上で十分に議論し、連邦の賭博法として施行した。そこには、賭博の主催者がとるべき措置や、依存症などの危険防止についてまでも詳細に記されている。日本でも、今後の政策立案の根拠になるように、学術的な研究に取り組むべきだ」と指摘する。

さらに、1960年代から70年代の公害問題を例に挙げて、こう付け加える。

「当時の環境学者で公害問題研究家の宇井純さんは、環境汚染は単に規制をする前に、しっかりと調査をすることで、不思議ときれいになっていくもの、と指摘していた。今まで、だれも調査をせず、きちんと状況を把握してこなかったことも、現在のギャンブル問題を大きくしている」

ギャンブル依存の治療に保険適用が決定

２０２０年２月、20年度の診療報酬の改定が決まり、「ここに来て」というか、「このときだから」というか、ギャンブル依存の治療に保険が適用されることが決定した。

昭和大学附属烏山病院の常岡俊昭医師は「ギャンブル依存が精神疾患であることを、国が認定したことは大きい。患者・家族だけでなく、精神科の医療従事者への啓発としての効果も期待できます」と歓迎する。

一方で、「ギャンブル依存の治療には、自助グループや回復施設のほうに実績がありま す。診療報酬がつくことで、医療機関が患者を囲い込んだり、自助グループの力を衰退させたりする方向に進んではならない」と、保険適用となったことへの懸念も話す。

ギャンブル依存に対する医療の役割は、川の流れに例えると、もっとも下流における対処だ。本当に必要なのは、もっと上流で「大人が良識の範囲で楽しめる順法的なギャンブルの存在」「依存しそうな人を、事前に救済する仕組み」「反社会勢力に金が流れ込まないような構造」をつくること。そのために、日本の独自性を考慮しながら時間をかけて調査を行い、現状をきちんと把握することが、まず必要なはずだ。

図らずも、「カジノを含む統合型リゾート（ＩＲ）」をめぐって、２０１９年末には、現職の国会議員が収賄容疑で逮捕された。そこに巨額のギャンブルマネーによる「おいしい利権」が埋まっていることが、皮肉にも国民の代表によって明らかにされてしまった。

つまり、あまりにも唐突にギャンブル依存の治療が保険適用になったのは、「ＩＲ事業を進めるためのアリバイづくり」と勘ぐることもできる。苦しむ人が減るのであれば、アリバイづくりだって歓迎だが、そもそも依存に苦しむ人を減らす工夫こそが、カジノ導入の前に必要ではないか。

「統合型リゾート」などと「きれいなイメージ」で経済効果を訴える前に、「ギャンブルにおける日本の特殊性」をきちんと理解し、時間をかけた調査研究を先行すべきであることは、この国の現状を見れば明らかだ。

これ以上、日本の「疑似カジノ化」を進めないためにも。

第4章　ギャンブル依存と家族の共依存

パチンコ好きな新社会人と結婚して

別居中だった夫が、自宅に戻ってきた。皮肉なことに、きっかけは彼女自身に病気が見つかったことだった。

千葉県に住むヒサエさん、60歳。数年前に、勤め先の健康診断で乳がんを指摘された。病院で再検査した結果、ステージ2Bの進行性で、リンパ節への転移も認められた。驚愕と恐怖、何よりも無念さに押しつぶされそうだった。

このまま死ぬのは嫌だ。

「長い間、夫に対して我慢を重ねてきた。いつかは報われると信じていたのに、そんな日は来なかった。なんだったんだろう、私の人生……」

＊

ヒサエさんが2歳年下の夫と結婚したのは1985年。大学を卒業した彼が、関西の金融関係の会社に就職した翌年だった。初任地の山口県で新生活をスタートさせた。

学生のころから、彼はパチンコ好きだった。デート中にパチンコ店へ連れて行かれたこともしばしばだった。手元から弾かれていく球の行方に一喜一憂している彼の隣に座っていても、何がおもしろいのか自分にはまったく理解できない。負けが込んで、すっかりお金を使い果たしても、「やられちゃったよ！」と彼はあっけらかんとしていた。

当時の収入は、親からの仕送りとアルバイト。ときには生活費がショートしてしまい、親や友人から借金をすることもあった。それでも、大きな支障はなかった。まだ、学生だったのだ。

「自分の彼はこういう人なんだ、と思っていました。今にして思えば、この段階でギャンブル依存の芽が吹きだしていたように思います」

卒業後、彼が社会に出るのを待ち、2人が結婚したころ、日本はバブルに向かって猛烈にアクセルをふかし始めていた。80年代のちょうど真ん中。先進5か国が協調してドル安へと誘導した「プラザ合意」により、急激に円高が進んだものの、日本経済はその荒波を短期間で乗り越えた。その後に始まった景気過熱に合わせるように、金融機関はわが世の春を謳歌していた。夫の帰宅も毎晩のように深夜になった。酒の匂いをさせていることもしょっちゅうだった。

学生時代にあれほど好きだったパチンコを、家庭を持った後も続けているのかはわからなかったし、妻として干渉もしなかった。当時、夫の小遣いは5万円程度で、足りないと言われれば、その都度、補充した。忙しい毎日、息を抜く方法は十人十色だろう。

ごく普通の若い夫婦。86年には長男、88年には次男を授かった。夫の様子に変化が見られるようになったのは、2人目が生まれたころから。金の無心をされる回数が増えていった。「後輩に金を貸した」「香典を出す」……。その都度、言われた額を黙って渡した。だが、夫の関心は、明らかに家族とは別のところに向いているように感じた。妻である自分のことも、生まれたばかりの2人目の子どものことも、ちゃんと見ていない。

ヒサエさんの心のなかで、「ぼんやりとした不信」が大きくなっていった。

消費者金融からの借金が

やがて、それは「はっきりとした確信」になって表れた。

ある日、夫が就職したときに始めた財形貯蓄がきれいに消えていることに気づいた。超低金利が当たり前の現在とは違って、当時は利息が高く、複利で貯蓄額はどんどん増えていく。財形も、数年でそれなりの残高になっていたはずだが、それが、いつの間にか解約されていた。さらに、将来のためにと少額ながら保有していた株式もすべてがなくなっていた。

夫に尋ねてみると、「消費者金融からの借金返済のためだった」と白状した。借金の理由を尋ねても、はっきりとは言わない。ギャンブル好きは知っていても、小銭で遊ぶパチンコが多額の借金をつくり出すなど、当時は想像さえできなかった。

パチンコは80年代に入ると、俗に言う「フィーバー台」（「フィーバー」はパチンコ機器メーカー「三共」の商標名）が設置され、3桁のスロットで数字がそろうなどの大当たりを出せば、あっという間に大金を手にできる時代になっていた。「身近な娯楽」「庶民の息抜き」から、「もっとも手軽な賭博」へと姿を変えていった。

夫の隠れた借金を見つければ、怒りに任せて、責め立てる直情型の妻はいるだろう。それで決定的な亀裂が入ってしまう夫婦もあるはずだ。だが、ヒサエさんは刹那に高ぶった感情に走りやすいタイプの女性ではない。いつも穏便に済ませることを選択する。そういう性格だった。

「証拠をあげて、ゆっくりと正論で問い詰めていきました。それでも夫は借金の理由については口を閉ざし、『もう隠れて金を借りたりしない』と繰り返すだけでした」

隠れ借金という「夫の前歴」は、夫婦の関係に薄暗い影を落とした。家庭内には少しぎくしゃくした空気が流れるようになった。休みの日に家にいられると、こちらの居心地も悪く感じられた。「ゴロゴロしていないで、どこかに出かければ?」。そんな嫌味を言ってしまうこともあった。

ただし、毎日の生活が不快な時間だけで満たされていたわけではない。たまに早く帰宅した夫が、やさしい言葉をかけてくれることもあった。子どもと一緒に遊んでくれる日もあった。「今度の休日には、みんなでどこかに出かけようか」と言ってくれれば、その日が心から待ち遠しく思った。当たり前の日常が、ヒサエさんにとっての幸せの形だった。その瞬間、夫の目が家族に、そして自分に向いているとわかれば、日ごろのよどんだ感情も変わってしまう。それが長続きはしないと、わかっていても……。

「私は昭和の女だから」

家庭内の雰囲気は、悪化したり、少し持ち直したりを繰り返した。「2度目」が起きたのは、そんなときだった。今度は、まとまった家計の預金が勝手に引き下ろされていた。ヒサエさんが問い詰めると、夫は「ギャンブルのせいで、消費者金融からの借金が300万円近くある。とても返せない」と開き直った。ごまかせないと覚悟を決めたのか、それとも借金額に途方に暮れたためなのかはわからない。

ようやく夫のギャンブル癖が続いていたことに気がついた。

「間違いなく、私の心のなかではブチ切れていました。だけど、夫には強くは言えない。「今回もなんとかしてあげる。けれど、もう絶対にしないでね！　しないよね、もう２度と！」と言って聞かせるだけでした」

結局、預金のすべてをはたき、足りない分は夫の実家に援助をしてもらって、借金返済に充てた。ヒサエさんは、「私は昭和の女。育ってきた家庭内も昭和だった」と自嘲気味に言う。ここを乗り切れば、夫婦にもきっといいことがあるはず。夫唱婦随。いっときの感情で、家族を壊してはいけない。自分が耐えればいい。心のなかにはそんな「縛り」があった。

家族みんなが幸せになるために、がんばろう……。自分ががんばろう。

あの人はきっとスリップしてしまう

ところが、３度目が起きてしまうまで、さほどの時間はかからなかった。

92年、結婚してから７年が過ぎていた。空前のバブル景気は、わずか２、３年であっけなくはじけ飛んでいた。夫の転勤で、家族は北九州に引っ越していた。

「父の日」を目前に控えたある日。上の息子が幼稚園で、団扇《うちわ》に「お父さんの顔」を描いた。「先生に絵を褒められた」と喜びながら、それを夫にプレゼントした。

その晩のことだった。またしても、ギャンブルで大きな借金ができていることを打ち明けられた。「昭和の女」の堪忍袋も、とうとう派手な音をたてて爆発した。息子がつくった団扇で夫をひっぱたき、猛烈な勢いでののしった。「この団扇を見なさいよ。子どもにとって、あなたはこれほど大切な存在なのよ。どうして、そんなことができるの？」と。

夫は肩を落とし、「そうなんだ。俺は壊れているんだよ」とつぶやいた。

にもかかわらず、ヒサエさんには、この期に及んでも、夫に見切りをつけるという発想はなかった。再び、夫の実家に事情を話して援助をしてもらい、借金を返済した。だが、もう夫婦の間だけでは解決できないことを自覚していた。

地元の国民生活センターに、相談の電話をかけた。担当者は電話口で「北九州の小倉は競輪発祥の地。競艇場も競馬場もあるし、パチンコ店も多い。ギャンブルが盛んな地域だから、ご主人は依存症になっているのかもしれません」と、地元の医療機関を紹介してくれた。アルコール依存とともに、ギャンブル依存の治療も行っている病院だった。ギャンブル癖が治療の対象になっているなどとは思いもしなかったが、ヒサエさんは夫に外来のカウンセリングに通うように促した。自分自身は家族が集まる自助グループに入って、ミーティングなどに参加するようになった。

だが実際には、夫が病院に通ったのは3回だけだった。「俺はもう大丈夫。治ったよ」。それまでの暗い表情は一掃され、笑顔でそう言った。とはいえ、それは心の底に澱《おり》のように沈んでいた借金が解消したことで、元気を取り戻しただけのことだった。

能天気な夫とは違い、事態の深刻さを理解していたヒサエさんは、心から一緒に笑うことなどはできるはずもない。自助グループでは、「ギャンブル依存を治すことは大変だ。多くが必ずスリップする」とも聞かされていた（アルコールも薬物もギャンブルも、依存状態から回復した後に、患者が再び依存対象に手を出してしまうことを「スリップ」と表現する）。

あの人も、きっとスリップしてしまう――。夫の明るい表情を見ながら、そう確信していた。

不思議だったのは、これだけ夫がギャンブルで借金を繰り返しても、三行半を突きつけるという選択肢が、それまでヒサエさんの頭のなかに一片も浮かばなかったことだ。

「ご主人を愛しているから？」

そう尋ねると、ヒサエさんは「愛情ではないと思います。執着です」と即答し、一呼吸おいて、こう続けた。

「私は共依存なんです。壊れていたのは夫だけでなく、私もでした。ギャンブルによる借金を繰り返す夫と同じく、私も彼のしりぬぐいをやめられない。結局、私自身の問題でもあったのです。自尊心が低く、いつも捨てられるのではないかという不安を持っている。誰かに頼らないではいられない。それが私」

共依存の性

数年後、悪い予感は的中した。

育児が一段落したため、ヒサエさんはある独立行政法人で契約職員としての職を得た。再び、夫がスリップし、ギャンブルに手を染めたのは、その直後だった。

この時も、ヒサエさんは今まで同様に怒りをコントロールしながら、あちこちから金をかき集め、なんとか返済をしたものの、さすがに忍耐には限界が近づいていた。

ところが、そのときにヒサエさんが取った手段は、信じがたいものだった。

毎月、決まった額を夫に渡す。それで、すべてをやりくりしてもらう。そのなかから毎月6万円程度、これまでに家計で肩代わりしてきた借金分を返済してもらう。そして、金輪際、借金の肩代わりはしない。そう宣言した。

子どものお小遣いの前借りではないのだから――、とも感じるが、驚くポイントはそこではない。金額だった。毎月、夫に渡したのは月16万円だったという。

言い換えれば、家計への返済を引いて、毎月10万円の小遣いを渡すことになっただけ。甘い、というよりも、傍からは理解不能だろう。好意的に解釈すれば、手持ちのお金から家計に戻すことで、夫に贖罪の自覚を持たせる意義はあるかもしれない。それにしても、ギャンブルでの借金癖のある相手に、毎月自由に使える10万円を渡すのは、「くすぶっている熾火」に定期的に薪をくべるような話だ。これが共依存の性《さが》か。

初めての別居生活に

さすがに反省をしたのか、夫はその後5、6年の間は、毎月6万円の返済を続けた。だが、結果的に、夫は再びスリップした。パチンコに手を出したのは98年のことだった。ギャンブル依存者にとって、月10万円の可処分所得が、さらなる借金を呼び込む結果になることは自明の理だった。

しかも、このときの夫は、同時に「うつ」を発症し、会社を休職するという「負の加算」まで重なった。夫の疾病休暇は1年間にもなった。それでもうつ症状は改善せず、結局、早期退職することになり、さらに1年間、無職のまま自宅で過ごした。やがて、うつは軽快し、まもなく再就職を決めた。

もともと、仕事はできる人だった。ギャンブルさえしなければ……。ところが。社会復帰を果たしたとたん、家の預金通帳から、再び勝手に50万円が引き出された。使い道は聞くまでもない。同じことを何度繰り返せば気が済むのだろう。

「さすがの私も、もう無理だと思いました」

結局、人に紹介してもらい、ギャンブル依存の人が集まる自助グループの施設に夫を送り出した。泊まりがけの体験入所だったが、すぐに「ふざけるな。こんなところにいられるか！」と怒って、飛び出してきてしまった。帰宅するなり、ヒサエさんに食って掛かってきた。

それに対して、ヒサエさんは「もう支えきれない。施設に戻るか、家から出ていくかを選んでほしい」と伝えた。夫はすごい形相でにらみつけ、スーツケースに自分の荷物を積めると、家の鍵を投げつけて出ていった。2人の子どもはすでに独立して、家からは出ている。2013年、結婚28年にして、ヒサエさんは生まれて初めての一人暮らしになった。

家族を守りたい――。その思いだけで必死に耐え、なんとか夫を正しい方向に導こうとしてきた。初めての別居は、夫からの独立だけでなく、自分自身の共依存からの脱却でもあった。

ようやくほどけた「負の連鎖」

勤務先の健康診断で、ヒサエさんに乳がんが見つかったのは、それからまもなくだった。すぐに手術、そして術後の抗がん剤治療が待っていた。

よりによって、独りぼっちになったタイミングで……。目の前が真っ暗になった。自分の人生はなんだったのだろうか――。

やり場のない悲しみしかなかった。とにかく、ウィークリーマンションで生活していた夫には連絡をした。自分の病気について話すと、事情が事情だけに、すぐに自宅に戻ってきてくれた。「妻の病気は自分のせいか……」とも考えたようだった。

ギャンブルで繰り返された夫の借金、別居、そして自分の病気……。長くヒサエさんをがんじがらめにしてきた「負の連鎖」は、ここに来てようやく断ち切れたようだった。乳房切除、さらにリンパ節まで取る大手術になったが、治療は無事に成功。その後の化学療法も功を奏した。

再び夫と暮らすようになって6年の月日が流れた。幸いなことに、がん再発の兆候はない。

今度こそ、夫もギャンブルに手を出さなくなっていた。少なくとも6年間はスリップした様子もない。短い別居生活を経て、2人は仲のいい夫婦に戻っていた。ギャンブルさえしなければ、決して悪い夫ではないのだ。

一緒に散歩に出ることもあるし、笑い合うこともある。ただし、結婚した当初とは、2人の距離感は明らかに変わった。もう、夫婦が正面から向き合うことはない。何度も何度も「信じては裏切られ」を繰り返したのだから、それもやむを得ない。それでも、隣り合って、肩を並べ、同じ方向へ歩いている。

すでに還暦を迎えたヒサエさんは、「かつては夫が一番だった。でも今は自分が一番。ナンバーワンになって、生きなおしです」と穏やかに笑った。

家族が依存からの回復を阻害する皮肉

共依存――。最近はインターネットなどでも、この言葉を見かけることが多い。

厚労省のホームページには、「依存症者に必要とされることに存在価値を見出し、ともに依存を維持している周囲の人間の在り様」と説明されている。

さらに「アルコール依存」を例に、次のような具体例も紹介している。

1　いつも飲まないように口うるさくして、本人の否認を増強させている関係
2　世話焼きをし過ぎることで、本人がアルコール問題に直面しないようにしている関係
3　夫のアルコールによる失敗の後始末をして、世間にはアルコール問題がないかのようにふるまっている関係
4　性格の問題とみなして、アルコール問題を否認している妻
5　夫のしらふの時にはお互いに緊張してよそよそしく、飲むと互いに感情が爆発する関係
6　夫のしらふの時には妻が支配的で、飲むと暴力で夫が支配する関係
7　夫から離れられず、いつも犠牲者としての悲劇のヒロインを演じ続けている妻たち

アルコールをギャンブルに置き換えるとヒサエさんに該当する項目が多い。自分の内面

に刷り込まれながら育った「昭和の家庭」「夫唱婦随」の影響かもしれないが、夫に依存している結果、ギャンブル資金をしっかりと押さえておかなかったことも、問題を長引かせた原因の一端と言えそうだ。

精神科医として、家族の問題に多く接してきた法政大学現代福祉学部の関谷秀子教授は、「共依存という言葉は、精神医学用語でも学術用語でもないので、臨床ではほとんど使いません」と前置きした上で、次のように説明する。

「家族が依存症を回復に導くのではなく、逆に悪化させてしまう状況で出てきた言葉だと思います。アルコール依存の場合などは、夫がかわいそうだから、お金を渡すことで、結果的に飲ませてしまうことになり、症状を悪化させてしまう」

ヒサエさんの場合、夫のギャンブル癖に悩まされ続けながらも、必要に応じてお金を渡したり、過分な小遣いをあげたりしていた。さらに、幾度もスリップを繰り返しているのに、預金を自由に引き出せるような状況を放置していた。この「わきの甘さ」も、問題を長引かせた原因と考えられる。

「夫を信じているから、あえて通帳や印鑑を隠したりしなかった」と考えていたのかもしれないし、もっと厳しく突っ込むと「あえて通帳や印鑑を隠したりしない、鷹揚《おうよう》な自分」

という、自己陶酔に近い思いがあったのかもしれない。

関谷教授は、「夫に尽くす、非常に世話好きな人のなかには、自分がいなければ何もできない夫をつくり上げて、逆に支配をしてしまう場合もあります」と手厳しく言う。

それでも家族の思いが「気づき」のきっかけに

これまで再三指摘してきたように、ギャンブル依存は間違いなく「疾患」だ。「趣味や嗜好が高じた状況」などといった、のどかな状況は通り越し、身体は器質的・機能的な異常を起こしている。

言うまでもないが、薬物やアルコールなどの依存者に対して、回復を促すファーストステップは、依存元を徹底的に絶つこと。たとえば、酒をやめられない人に、アルコールを与えないことは、必須条件である。

「最近はがんばって我慢しているから、ご褒美としてたまには飲ませてあげよう」とは絶対になってはいけない。覚醒剤や危険ドラッグなどの薬物同様、アルコールも同じことだ。

ニコチン依存のヘビースモーカーだった人が、せっかく長く禁煙をしていたのに、飲み会で同僚に1本もらっただけで元に戻ってしまったなどという例は、どこにでも転がっている。何かの依存から脱却するには、依存物質を徹底的に絶つことから始まるのだ。まして、現代のパチンコ・パチスロは、さまざまなテクノロジーを活用して、人間の心理を揺さぶることで報酬への期待感をあおり、たった一度の機会でも、依存の沼へと引きずり込もうとしてくる。

ところが、共依存の家族は、本来の「やさしさ」「思いやり」が、「ムダな慈悲」へと変異し、ギャンブル依存者を回復とは逆方向に導いてしまう結果になりかねない。

どこまでが本音なのかはわからないが、ヒサエさんは、夫への思いを、妻としての「愛情」ではなく、「執着」と表現した。それがどちらの感情だったにしても、ギリギリまで夫を見捨てなかったことは変わらない。たとえ、それが古い「昭和の価値観」に基づいたもので、共依存というマイナス要因が働いた結果だったとしても。

一方の夫は、回復まで大きく遠回りしたものの、別居中の妻が病気になったことが、結果的に自分を辛抱強く支えてくれたことへの「気づき」につながった。

ギャンブル依存者にとって、共依存の家族がいることは、確実にマイナス方向へと導いてしまう。反面、依存者が自分自身の問題に向き合い、見直すきっかけとなりうるのも、やはり大切な人の存在だ。医療機関における治療、そして自助グループでの患者の努力も、家族の思いには及ばない。

＊

現代の人間が依存する対象は、アルコール、薬物、カフェイン、ニコチン、インターネット、ゲーム……と枚挙にいとまがない。依存のきっかけは、言うまでもなく「快楽」だ。脳内の報酬系が刺激され、とめどなく依存対象を求めているうちに、そこから離れられなくなってしまう。

もう一つ、依存のきっかけとなるものは「幻想」かもしれない。あるいは「幻影」と言い換えてもいい。第2章でも触れたが、アイドルやキャバクラ、ホストクラブなどに対する病的な執着や、特定の政治的理念や新興宗教などに向けての度を越した従属なども同質だ（ちなみに、アイドルの物販で大金を使ったり、狙ったキャバクラ嬢を喜ばせるために高額な酒を取ったりすることを「お布施」「献金」と呼ぶ）。

一方、たとえば、ホストクラブには「太客」がいる。「メン地下」と呼ばれる「地下アイドルの男性」に対しても、同様の「太いファン」がいる。目当てのホストやアイドルのために、莫大な金を使う女性たちだ。自分の家族でも恋人でもない相手に、そこまで気前よく財布をはたける動機は、「自分に優しくしてくれるホストを店内で「ナンバー入り」

させてあげたい」「ステージから自分に微笑みかけてくれるアイドルをメジャーにしてあげたい」といった「応援」なのだという。

自分で稼いだ金だから、好きなように使えばいい——。そう思っても、「アイドルの同じCDタイトルに数十万円使った」「ホストのために酒代が数百万円になった」などと聞くと、やはり耳を、というよりも、その人の感覚を疑ってしまう。なにしろ、メリットを享受するのは、自分や自分の家族ではなくホストや地下アイドルのほうだ。「見返りなき献身」といえば美しい響きを伴うが、家族でも友人でも恋人でもない相手にそこまでつぎ込むことができるのは、やはり共依存の一種としか説明がつかない。単純な下心でキャバクラに通い詰める男性とは違い、「私が助けてあげなくちゃ」と「応援する自分」に価値を見出し、その行為に依存する。これは先述の「お布施」「献金」とは、根本的にニュアンスが異なる。それが「無償の愛」としてなのか、それとも「自己愛のミュータント」として姿を変えているのかは別にして。

数ある依存のなかでも、もっとも構造がわかりくい共依存も、ある意味、人間関係、とくに家族やパートナーに対する「幻想」が行き過ぎた形と定義し直すことができる。ソーシャルワーカーの吉岡隆氏は『共依存——自己喪失の病』（中央法規出版）で「共依存は、一見、善意とか愛とかいう言葉でカモフラージュされている。が、それは真実ではない。なぜなら相手が手助けを必要としたわけではなく、自分が手助けする機会を必要としただけだからだ」と指摘している。家族を愛すること、大切にすることは、人間としてもっとも尊い行為だが、それが形を変えた自己愛の姿だったら、美しさははっきりと色あせる。
異性に対する強い執着は、一般的な幸福感ではなく、苦悩と苦痛の深さが程度を測るメジャーとなることがある。まだ、共依存という言葉が一般的でなかった1980年代に、「苦痛を伴いながら特定の男性に拘泥する女性」を描いてベストセラーになった『愛しすぎる女たち』（中央公論新社）の著者ロビン・ノーウッドはこう記した。

アルコール依存症者、麻薬依存症者、摂食障害者、買い物中毒者、ギャンブラーのひとりひとりにはそれぞれ少なくとも四人の相互依存症者がついている。彼らの人生は全く管理不能である。彼らは依存症者の行動に反応し、それをコントロールしようととことん苦闘するからだ。こうして依存症は、それを通して広大な変革が成し遂げられる最も強力で伝播力のある手段のひとつとなる。なぜなら、それは家族全員を包み込み、家族の全員が回復しなければならず、それゆえにひとりひとりが改革されるからである。家族にとっては、回復とは依存症者を含む家族全員に対し自分の無力さを認めることを意味する。力の無さを認めることだけが、本質的で自然な変革をなすのである。

（『愛しすぎる女たち――癒しのとき』読売新聞社）

第5章　闇カジノの誘惑とワナ

ヤンキーなんてダサい

同乗者がだれもいないエレベーターを降り、雑居ビルの外に出た。

2012年11月、時計の針は午前6時を指していた。大阪・ミナミの道頓堀近く。薄暗い早朝の街で動いているのは、ゴミ収集車とネズミぐらいだった。

前夜10時頃、このビルの5階で営業する闇カジノに、タイガ（27）が入店したとき、繁華街の隅々にまであふれ返っていた酔客や客引きは、きれいにいなくなっていた。

どこかに消えてしまったのは、人の姿だけではない。タイガの手元に残っていた虎の子の205万円が、一晩のうちに「バカラ」の闇に溶けてなくなった。頭のなかは真っ白で、かろうじて残ったのは虚無感だけ。悔しいという感情などは、とっくにどこかに置き忘れていた。

3時間後には、会社員としての日常が始まる。

もう、どうでもよかった。

自分のクルマを止めた駐車場までトボトボ歩いていると、タイガは不思議な感覚に包まれた。自分のすべてが壊れていく奇妙な陶酔感。今の生活、社会人としての立場、そしてこれまで過ごしてきた時間など、すべてがゼロに戻ろうとしている。自暴自棄とも違う。格好よく言うなら滅びの美学か。

これまで、どれだけの金額をギャンブルに突っ込んできたのか。返済の迫っている借金は、いくらなのか。そして……、自分の人生は、まだ続くのか。

＊

タイガが大阪南西部の工業地域、泉州で生まれたのは1985年10月16日。くしくも阪神タイガースが21年ぶりのセ・リーグ制覇を決め、関西が沸き立った日だった。

地元で小さな会社を営む両親のもと、地元の「だんじり祭り」を楽しみにしながら成長した。小学生のころから、クラスの明るいお調子者。勉強はできた。ほとんど努力をしないのに、常に成績はトップクラスだった。

中学校に入ると、一転して、教師から目を付けられる存在になった。髪を染めて、ピアスをし、友人と一緒に遊んでばかり。勉強なんかまったくしない。とはいえ、恐喝《カツアゲ》をしたり、他校の生徒にからんで、けんかになったりなどの問題は起こさなかった。

ヤンキーなんてダサい――。タイガの目にはそう映っていた。

生まれて初めてパチンコ店に入ったのも、このころだった。「当時のお店はゆるゆるでした。コソっと入店すれば、未成年だと知られても、黙認されていました」

もちろん、ギャンブルに入れ込みはしなかった。中学生だった、まだこのころは……。

＊

中3の秋になって、やっと高校受験の勉強を始めた。中学校の勉強なんかやればできる。それに加え、日頃の素行は悪いくせに、タイガ自身には母親を落胆させたくないとの思いが強く、「入学するなら、ある程度、名前の知られた私立高校」と考えた。

「本気《ガチ》で勉強すれば、どこにだって受かるチャンスはあると確信していました」

3か月ほどの間、それこそ「ガチ」に机に向かった。真剣になったら、とてつもない力を発揮する。その結果、関西でも広く名の知れた和歌山県の名門進学校に合格した。親は喜び、自分の面目はしっかりと守った。

ただし、高校に入ると、中学生以上に「浮いた存在」になった。関西一帯から集まってくる優等生たちに交じって、相変わらずの茶髪にピアス。胸ポケットには、いつもたばこが収まっていた。学校をさぼり、中学時代の友達とつるんで遊んでばかりの毎日で、進学校にとっては、あまりにも異質な「不純物」だった。

生活態度が悪く、世の中をなめ切っている。なのに、頭の回転の速さと要領の良さで、目の前のハードルをあっさり飛び越えてしまう――。

いつの時代だって、学校にも、そして社会にもそんな存在がいる。タイガはまさにそのタイプだった。クラスの誰もが大学受験のことばかりを考えているのに、タイガの頭のなかは「何かおもしろいことはないか」で占められていた。

パチスロ4号機は必ず勝てる「ギャンブル」

高1のときに、中学時代の親友、それに彼の5歳年上の兄に連れられてパチスロ店に行った。親友の兄はパチスロで生活しているプロで、タイガたちにも必ず勝てる方法を教えてくれた。言われた通りにすると、あっけないほど簡単に儲かった。

2000年前後、パチスロは「4号機」と呼ばれる「爆裂台」の全盛期だった。「獣王」「北斗の拳」「初代ミリオンゴッド」「サラリーマン金太郎」……。勢いに乗れば、1時間に5000枚近いコインが出ることもあった。コインは1枚20円なので、等価交換の店なら5000枚で10万円の利益《あがり》になる。

パチンコやパチスロは、どんなに派手に光や音で演出しても、結局、機械のなかで「当たり」「はずれ」を抽選しているだけ。普通に座って打っていれば、確率的にまず負ける。

だが、「勝ち方」はあった。台の種類ごとの知識、店の設定のクセなどを把握すれば、負けない方法論が存在した。だからこそ、本来は、運が左右するギャンブル（法的にパチンコ・パチスロは「遊技」とされるが）に、それを生業とする「プロ」が存在した。

　パチンコの場合、手元からはじいた球が特定の入賞口に入ることで、初めて「当たり・はずれ」の抽選権が発生するため、台のクギの塩梅《あんばい》も勝敗を左右する。一方のパチスロは、コインを入れ、マシンをスピン（起動）させることで、プレーヤーは必ず抽選権を得られる。勝敗を分けるのは、それぞれの台に設定されている「大当たりの確率」だ。

　多くの機種は、もっとも当たる確率の低い「設定1」から、最高の「設定6」まで割り振りができるようになっており、「胴元」、つまり店側が台ごとにセットしている。設定の高い台を増やせば客は儲かり、店側に利益が出ない。かといって、低設定の台ばかりを並べ、「勝てない店」「遊べない店」と認識されれば、客が寄りつかなくなる。

パチスロ依存へといざなう「天国モード」

　タイガが、親友の兄から教わった「必勝法」はこうだ。

彼らがターゲットにしていたパチスロ店は、常に台の設定が渋かった。つまり、「設定

1」や「設定2」が多く並ぶ。何も考えずに、漫然と打っていたら、店にとっては「いいお客さん」でしかない。それだけなら、誰もこの店に行かなくなる。

だが、パチスロには、客の射幸心をあおるための仕掛けが、もう一段、深い階層で手招きしている。当時の4号機には、設定にかかわらず、大当たりが発生するたびにマシンのなかで再抽選し、「天国」「通常」「低確」という3つのモードがランダムに切り替わる機能があった。抽選の結果、「天国モード」に入れば、どんなに低設定でも間もなく次の大当たりがやってくる。俗にいう「連チャン」だ。

仮に、「設定1」の大当たり確率を600分の1、つまり600回スピンさせないと当たらないとしたら、「天国モード」に入れば、100回以内に必ず大当たりがくるようにマシンがプログラムされている。したがって、どんなに低設定台が並んでいても、「天国モード」に入っている台を選べば間違いなく勝てる。このモードが続けば、山盛りになったコイン容器が、プレーヤーの足元に積み上がっていき、文字通り、天国の気分を味わえる。

一方、「低確モード」に入ってしまえば、どんなに高設定の台だとしても、打っても打っても、次の当たりはなかなかこない。

人がパチスロに魅了される理由の一つは、この2段階抽選が呼び起こす期待感だ。

「天井機能」を生かしてハイエナに

そこで、ほかの客の状況を確認し、だれかがやめた台で「天国モード」に入っている可能性があれば、それがはっきりする一定の回転数まではプレーを続ける。俗に「ハイエナ」と呼ばれる方法だ。

さらに、4号機のほとんどには、一定の回転数まではずれが続くと、必ず当たりがやってくる「天井機能」がある。たとえば、1500回転が「天井」だとすれば、どんなに低設定でも、その回転数に到達したところで強制的に大当たりになり、モードの抽選で「天国」に切り替わる可能性がある。天国モードとは、いわば「天井」が低く下がったままの状態と言い換えることができる。

仮に、天井1500回転の台で、ほかの客が1400回転まで回してあきらめたり、軍資金が尽きたりしたら、ハイエナの餌食になる。100回転以内に必ず当たりがくることがわかっているからだ。そして、その台が天国モードに切り替わる可能性が十分にある。

タイガたちは、毎晩、閉店近くになって、大勢の客の状況や回転数を確認し、台ごとにどのモードに入っているかを推測した。

閉店後、店内の電源がオフになり、台ごとの回転数を示すカウンターがゼロに戻っても、前日のモードが消えるわけではない。「天国」に入っている可能性のある台や、回転数が天井に近づいている台は、翌朝一番に入店して、確保する。気をつけるのは、月に2度、この店がすべての台の設定変更をする日、つまり前日のモードがリセットされたときだけでいい。

これはギャンブルではない……

そのほかにも、細かいテクニックはあったが、複数のメンバーでこれらの方法を実践すれば、間違いなく利益が出た。店側も、ある程度、客が出している状態を見せたほうが、新規の客を呼び込みやすいため、あえて追い払うことはしない。タイガは4人の友人グループをつくって、毎日のようにパチスロ店に入り浸った。

もちろん、日によって「あがり」にはばらつきがある。4人で30万円以上も勝てる日があれば、5、6万円程度にとどまる日もある。だが、勝率は100パーセント。平均すると、日に1人当たり3万円程度の金が懐に入ってきた。高校生には不相応な額がたまっていく。タイガの自宅の机のなかには、いつも100枚単位の1万円札が無造作に突っ込まれていた。

＊

ただし、これはギャンブルではない。単調で安直な「金儲け」。「知識とデータを金にする。ギャンブルというよりも、「地道な作業」というイメージでした」

彼の脳内には報酬を期待させて、ギャンブルの沼に引きずり込もうとする神経伝達物質が出ているわけではないのでいつも冷静そのもの、依存とは無縁だった。

素人は、「勝てるかもしれない」「きっと勝てる」という根拠のない期待感から、無戦略でギャンブルに金を突っ込み、たまに運に恵まれることで依存への扉を開いてしまう。その先には、深くて冷たい沼が口を開いて待っていることに気づかずに。

戦略的、かつ冷酷に客に金を使わせようとしている「胴元」に対し、ドーパミンなど、脳内に放出された神経伝達物質に踊らされている依存症予備軍が太刀打ちできるはずがない。近年は、愛好者が減った上に、新型コロナウイルスの影響が追い打ちをかけて、閉店に追い込まれるパチンコ・パチスロ店が増えてきたようだが、本来、ギャンブルには胴元に利益が出るような仕組み、つまり「ビジネスモデル」が確立している。

負けないことがわかっていたタイガたちに、報酬期待の脳内物質《ドーパミン》などは出てはいない。したがって、勝負事としてしびれることなどなかった。まだ、このときは……。

パチスロ通いで高校を留年したが

開店時刻からパチンコ店に入り浸れば、学校には行けなくなる。当然の結果、出席日数が足りなくなったタイガは、1年生の段階で留年が決まった。金には不自由しなかったため、気持ちが大きくなり、「もう、退学してもいい」とも考えたが、親に説得されて、学校に残ることになった。

学年をダブったタイガは、1年後輩たちに交じって、出席や課題の帳尻を合わせつつ、それまでと同じような日々を送り続けた。パチスロ店にいないときは、派手に遊ぶ。欲しいものがあったわけではない。バイクにも楽器にも、まったく興味はなかった。その分、着るものや飲食、そして、女の子相手に好きなだけ金を使った。

ちなみにタイガは、身長は平均的だが、ある人気俳優に目鼻立ちがよく似ている。アタマが切れ、金回りよく遊びまわっている進学校のイケメン男子が、女の子にもてないわけがない。もしかしたら、1年ダブっていることが、かえってタイガに箔をつける効果さえあったかもしれない。

とはいえ、高3になれば（タイガの場合は4年生）、誰だって次への選択を迫られることになる。地元には、中卒で社会に出たり、高卒で就職したりした友人がいた。最終学年を迎えたタイガの目には、彼らがわずかな給料のために、毎日を退屈で息苦しい労働に埋没させているようにしか映らなかった。

そんな生活はまっぴらだ。もちろん、ずっとパチスロで生きていけるわけがないことは、わかりきっている。将来のイメージは何もなかったが、大学に行けば、あと4年間の猶予期間を獲得できる。迷うことなどない。当然のように進学を決めた。

自分が行くのなら、それなりに名前のある大学でなければ。さすがに、国公立や関西の最上位私大とされる「関関同立」は厳しいとしても、それに準ずるぐらいの大学に入らないと……。高校受験で進学校に合格したとき、喜んだ母親の顔も脳裏にちらついた。

3年生の秋から、おっとり刀で受験勉強に取り組んだ。その結果、本当に「関関同立」に続くレベルの大学の経営学部経営学科に合格した。わずかな時間で結果を出す集中力と手際、そして要領の良さには舌を巻くしかないが、本人にしてみれば「オレがガチになれば、世の中なんて甘いもの」だったのだろう。

「スカウト」のバイトで、また「あぶく銭」を

そんなタイガだから、大学に入ってもこれといったビジョンなどない。なんとなく、惰性で通い始めたものの、意外とそこにはおもしろい人間が集まっていた。四六時中、飲み会ばかりをやっているような遊び人のサークルに所属して、ふわふわと毎日を過ごしていた。高校時代にパチスロで稼いだ金はたくさん残っている。要領の良さは相変わらずで、同級生に「舎弟分」をつくったおかげで、授業の出席日数もリポートの提出も心配なかった。

1年生の秋になり、サークルで知り合った友人から、水商売の「スカウト」のバイトを紹介された。ミナミの繁華街などで、道行く女の子に声をかけて、キャバクラや風俗店などに紹介し、「スカウトバック」（紹介料）を受け取る。まったくの素人に声をかけるだけではなく、どこかの店で働いている女の子から話を聞き、不満があるようなら、もっと条件のいい別の店へと斡旋する「ヘッドハンター」としての役割も大きかった。

現在は、自治体の迷惑防止条例などで、街頭でのスカウト行為は規制されるようになっ

てはいるが、当時の繁華街のあちこちでは、彼らが跳梁跋扈《ちょうりょうばっこ》する姿が必ず見られた。

タイガ自身、女の子受けするルックスに恵まれ、しゃべりもうまい。スカウトでもおもしろいように成果を上げた。風俗店に体験入店させた女の子がしばらく出勤すれば、紹介先からまとまった金が転がり込んでくる。「割のいいコンサルみたいなもんでしたよ」と回想するように、１００万円、２００万円を稼ぎ出す月もあった。

ちょうどそのころ、パチスロには変革期がきていた。「射幸性が高すぎる」と批判の対象にされた4号機が規制され、後継機として導入された5号機は、出玉の爆発力に欠けたことで、タイガにとって「まったく稼げない」機種になっていた。だが、金のために、長い時間、騒々しいくせに無機質なマシンにしがみつく必要などもうない。

２０００年代前半。すでに遠い過去となっていた「バブル」が産み落としたモンスター「デフレ」は、まだまだ不死身の姿で、日本経済を食い散らかしていた。就職を控えた大学の先輩たちは、折からの「超氷河期」にぶち当たり、文字通り、身も心も凍りつくような日々を送っていた。

タイガにとっては、そんな時代もどこ吹く風。スカウトのバイトには、ゲームのような興奮があり、金に不自由することもなかった。

「パチスロよりも、おもしろいギャンブルがあるよ」

2005年。タイガはちょうど20歳になっていた。成人までは、スイスイと世の中をわたってきた彼にとって、目の前で深い沼が口を開けていることなど想像さえしなかった。

そもそものきっかけは、スカウトの仕事を紹介してくれた友人が、「パチスロなんかよりも、おもしろいギャンブルがあるよ」と教えてくれたことだった。

闇カジノだった。

＊

普通に生活している人にとって、足を踏み入れる機会など一生なさそうな違法の賭博場だが、現実には、かつても今も大都市圏の繁華街では、たくさん隠れて営業しているという。つまり、普通に生活している人にとっても、そうでない人にとっても、それだけのニーズがあるということだ。

たとえば、闇スロット。

すでに射幸性の高さで街のパチスロ店からは撤去された違法な4号機を設置して、ぬるい「5号機」に飽き飽きしていた客を引きつける。

「闇スロ」で使われるのは実際のコインではなく、デジタル管理されているクレジット。一般のパチンコ店と同様のレートなら、1クレジットは20円で、1万円を支払えば500クレジット（500枚のコイン分）が自分の台にセットされる。やめる場合には、店員に「アウトお願い」と言えば、残ったクレジット分を精算し、現金を持ってきてくれる。もちろん、街のパチンコ店のように、お菓子やたばこを置いた景品交換所などはない。

しかも、「闇」の場合、1クレジットが20円とは限らない。なかには40円や100円、さらに200円、300円といった超高額レートで客を遊ばせる店もある。仮に300円のレートだった場合、1度のスピン、つまり数秒で900円の賭け金になる。それで大当たりのビッグボーナスでも出れば、数万円分のクレジットを獲得できる。

勝てば一攫千金だが、あっという間に大金を失うことが珍しくない。かつて、大手芸能事務所に所属する若い男性タレントが、違法の闇スロット店に出入りしていたことが発覚し、ネットニュースをにぎわせたことがある。

そしてさらに闇カジノ。バカラ、ルーレット、ポーカー、ブラックジャックなど、ラスベガスやモナコさながらのギャンブル天国だ。

闇の賭博場の背後には、俗に「ケツ持ち」と呼ばれる反社会勢力、つまり暴力団が存在しているケースが少なくない。それればかりか、設備投資などが比較的低くすむため、重要な資金源、いわゆる「しのぎ」として、「反社」が直営している闇カジノも多いという。

「時々、新聞に摘発のニュースが出ますが、「もぐらたたき」みたいなもの。今でも、東京の歌舞伎町や大阪のミナミなんかを歩いていると、「この雑居ビルのなかには、絶対に闇カジノがあるな」と直感的にわかるんです」とタイガは話す。

闇カジノの魅力に

スカウト仲間に誘われたタイガは、初めてミナミの闇カジノに足を踏み入れた。金儲けの単純作業だったパチスロは別にしても、遊びで打つパチンコやマージャンなど、賭け事は嫌いではない。だが、初めての闇カジノには、それまで感じたことがないような、心地よい緊張感が充満していた。とくに、初めて経験した「バカラ」には、あらがえない魅力を覚えた。

トランプを使うギャンブルのバカラは、仮想の「プレーヤー」か「バンカー」のどちらが勝つかを予想するゲームだ。海外の本場カジノでも、もっとも大きな勝負が繰り広げられる場として知られている。

あくまでも、直感と場の流れを読み合うだけ。きわめてシンプルなルールであり、競馬や競輪、麻雀などのような論理的戦略は存在しない。だが、スピーディに進行するゲームの流れに乗ってベットを続けていると、いつの間にか我を忘れ、自分の理性や判断力はズタズタにされてしまう。

言うまでもないが、ギャンブルの場合、ベット額の大きさは、そのまま興奮度の高さに比例する。街のパチンコ店なら、長時間粘って、負けが込んだとしても10万円程度だろう。闇カジノのバカラなら、わずか2、3分の勝負に30万でも50万でも、それ以上でも賭けられる。勝てばリターンは大きいが、大金を失うのもあっという間だ。

たとえば、スカウトの仕事が終わり、タイガが仲間と寿司でも食べていると、誰からともなく「ちょっと『絞り』にいくか」となる。「絞る」は、「バカラをする」の隠語。ゲーム中、配られたトランプの絵柄を確かめるために、カードの隅をぐっと曲げて絵柄を確かめる動きからきているのだろう。

「闇カジノの客はカタギがほとんどでした。いわゆるヤクザ者はほとんど遊んでいません。IT長者っぽい人、羽振りのよさそうな風俗店の経営者なんかがテーブルにいました」

やはり、普通に生活している人にも、「闇」のニーズはあるのだ。

タイガには、そこで遊ぶだけの現金《タマ》が十分にあった。金銭的に余裕を持って遊んでいる限り、ギャンブルは最高に楽しい「ゲーム」だろう。負けが続けばスロットやスカウトで稼いだ金は減っていくが、そもそもが「あぶく銭」。失っても、さほど惜しいとは感じなかった。

ギャンブルを封印して、会社員に

いつの間にか、タイガは大学4年生になっていた。高校卒業時に獲得したモラトリアムも、まもなく打ち止めとなる。ときには闇カジノで散財することはあったものの、スカウトのバイトのおかげで、遊ぶ金に困ることはなかった。とはいえ、いつまでもフラフラしているわけにはいかない。脳裏には、親の顔もちらついた。

周囲に倣って、就職活動をしてみた。口は達者で、人あしらいが抜群にうまい。面接では、採用担当者に「自分をとらないと損だ」と感じさせてしまう。

おりしも2008年。リーマンショックが世界を直撃する寸前だった。バブルの後遺症からようやく回復基調に乗り始めた日本の景気が、再びヘビー級のカウンターパンチを食らう前だったことも味方した。結果、たいした苦労もせずに、大阪府内の建設機械レンタル会社から内定を受けた。れっきとした上場企業だった。

サラリーマン生活が始まった。大阪府内の事業所に配属されるなり、すぐに自分の能力不足に直面することになる。事務処理、電話応対、営業用の資料づくり……。あらゆる雑務が降りかかってきた。要領の良さだけで切り抜けられるほど、現実の社会は甘くはない。

タイガにしてみれば、職場の先輩たちは、見るからに「さえない連中」だったが、仕事の手際となると、まったくかなわない。

「先輩は資料をつくっても、自分よりも早くて正確。営業も的確にこなしていく。ついでにメシを食うのも早い（笑）。とはいえ、ここで負けたり、高圧的に指導されて逆ギレして暴れたりすれば、自分がダサくなるなと感じました」

ダサい自分、さえない男――。それだけは我慢ならなかった。朝から晩まで必死になって、仕事を覚え込んでいった。もちろん、ギャンブルは完全に封印した。

「普通のサラリーマン」として、学生時代とは対照的に真面目な毎日を送っていた。ところが、「ギャンブルの沼」は、すぐ近くでタイガがやって来るのを待っていた。しかも、それは底なしに深く、氷のように冷たい、最悪の沼だった。

ストレスで再び闇カジノへ

　サラリーマン生活を始めてから1年2か月が過ぎた。生まれついての要領の良さで仕事に慣れ、先輩にも負けない手際も身につけていた。その代償として、規則正しい毎日がストレスへと姿を変え、じわじわとタイガの心を侵食していた。

　ある日、転勤する上司の送別会が、ミナミの飲み屋で開かれた。宴席がお開きになり、帰宅しようと宗右衛門町を歩いていたら、知っている顔から声をかけられた。

「お久しぶりです。どうしてたんスか？」

　かつて、タイガが出入りしていた闇カジノのボーイだった。楽しかった「あのころ」の記憶が瞬時によみがえった。ボーイから「たまには、寄ってくださいよ」と言われて断れるほど、タイガには社会人としての自覚は身についていなかったし、人間的にも成熟していなかった。誘われるまま、闇カジノに入店し、かつてのようにバカラのテーブルに着いた。

　カードをぐっと絞る感触、静かな歓喜と落胆が入り乱れる時間……、タイガは久しぶりのギャンブルを心の底から楽しんだ。それはフラストレーションにまみれた退屈な会社員生活を、どこか遠くに吹き飛ばしてくれるようだった。

結局、この晩だけで15万円ほど負けた。「まあ、久々やし、こんなもんかな」と割り切ったつもりだった。ところが、自宅に帰っても、バカラのテーブルで味わった期待と不安が交錯する興奮は抜けていなかった。

また行きたい。カードを絞りたい。ヒリヒリするような勝負をしたい——。

それまでと変わらない会社員生活をじりじりしながら耐え、週末になると再び宗右衛門町のカジノに出向いた。翌週も、そしてその翌週も。学生時代の仲間を誘って、さらに翌週も行った。

朝早くから夜遅くまで仕事が続く平日は、闇カジノどころではない。ストレスという名の「生活習慣病」を抱えるサラリーマンの日常が、ギャンブルへの飢えと渇きを一層あおっていた。もっとも気分が上がるのは、闇カジノ店に向かっている途中だ。雑居ビルのエレベーターを降り、怪しげなドアを開けた瞬間、高揚感《テンション》は最高潮になる。

「とにかく、店に向かっているときの「やるぞ！」という気持ちはすごかったです。が、実際にギャンブルが始まってしまうと、正常な理性が吹っ飛んで、楽しいのかどうかなんかわからなくなっていました」

ギャンブルだから、勝つことも負けることもある。あえて言うなら、結果はどうでもよかった。とにかく勝負をしたかった。

闇バカラで、金額に対する感覚が崩壊する

気がつくと、タイガの心には完全に火がついていた。脳内には、あふれんばかりのドーパミンが出続けていたのだろう。仕事後に闇カジノに直行するのが5日に1度になり、3日に1度になり、やがて毎日になった。寝る時間がなくなっても、バカラのテーブルにしがみつくようになっていた。休日に20時間、ぶっ通しで勝負し続けたこともある。

タイガが通っていた闇カジノは、24時間営業だった。シックな内装で、こぎれいな衣装に身を包んだ女性が飲み物を運んでくれる。大人の社交場さながらだった。有象無象のサラリーマンたちが営業電話にしがみついている、殺風景なオフィスとは大違いだった。ぶっ続けでカードを絞り、いよいよ体力が続かなくなると、片隅の豪華なソファで休憩する。空腹になれば、高級な寿司を出前で取る。代金は、店のチップで精算できた。

ひと勝負あたり1万円ぐらいの勝負から始めても、負けが込むと、それを取り返そうと10万円単位になる。1回あたり2分程度の勝負を、何十回、何百回と繰り返していると、

金額に対する感覚は崩壊していく。そうなれば自明の理。スロット、それにスカウトでためた貯蓄はどんどん減り、いつの間にか、底をつきかけていた。おそらく銀行口座には1000万円以上あったはず。熱くなってくると、ベット額をコントロールできなくなり、1日に100万円以上負けることもざらだった。

闇カジノといっても、すべてのテーブルで10万円単位の高額なチップが飛び交っているわけではない。1000円から賭けられるビギナー用テーブルもあるにはあった。

自嘲気味にタイガは言う。

「パチンコもパチスロもマージャンもやってきた。だけど、この世にあるギャンブルのなかで、バカラほど熱くなってしまうものはないと断言できます。たとえば、家族内で10円単位、100円単位の遊び勝負をやったとしても、きっとしびれるはず。それぐらい夢中になるゲームです。それが、1度の勝負が10万円、100万円の闇カジノとなると、アドレナリンの出方が半端ない。いったん、自分が賭ける金額を上げてしまえば、もう元には戻れなくなってしまうんです」

人間は、何かを失えば、それを取り返そうと躍起になる。そして、ギャンブルの場合、取り返すチャンスが、常に目の前にある……気がする。それは錯覚に過ぎず、現実には

「さらにやられる」機会がぶら下がっているだけなのだが。

もうギャンブルなんて楽しくない。それでもやめられない

そのころ、私生活にも大きな転機が訪れた。学生時代から付き合っていた彼女が妊娠したため、結婚することになった。タイガ自身、名のある大学卒で上場企業の正社員。表向きの体裁は整っていた。一方の闇カジノ通いは裏の顔。妻や親に見せるわけにはいかない。

しかも、タイガ自身、すでに自分がギャンブルに依存しているという自覚があった。会社の仕事はスムーズにこなせるようになっていたが、決して楽しいわけではない。頭のなかの90パーセントは、バカラのことで占められていた。家庭を持っても、それは変わらなかった。新婚の妻や生まれたばかりの子どもには、ほとんど関心が向かない。底が見えない沼に、自分がズブズブとのみ込まれ始めていることに、とっくに気づいていた。

それでも止まらなかった。止めなかった。

＊

会社、家庭、そして闇カジノ。それぞれの場所で、３種類の仮面をかぶり続けることとなど、できるはずがない。ギャンブルに依存しているタイガが、３つのうちのどれを選ぶかはわかりきっていた。毎日、退社後に闇カジノに直行し、朝までカードを絞り続ける。自宅には帰らず、一睡もせずに、翌日の仕事に向かうこともしばしばになった。

当然の結果が待っていた。それまで不自由した経験がなかった金が底をついた。どうするか。もう闇カジノ通いをやめることなど不可能だ。となると、ギャンブル依存のお決まりルート、借金に走るしかない。

まずは友人に頼み込む。地元、高校、大学と、それまでの自分を知っている仲間たちは、10万円、20万円なら何の疑いもなく貸してくれた。名の通った会社に勤めていたおかげで、クレジットカードのキャッシングも簡単だった。だが、その程度の金額は、闇カジノに行けばほんの一瞬で溶けてなくなる。次のターゲットは消費者金融だが、借金可能な限度額などすぐにやってきてしまう。

それからの1か月程度で、負けた額は500万円近くになった。会社員である以上、急激に膨れ上がった借金を返すあてなどない。だったら、食うか食われるか、闇カジノで取り返すしかない……。

このころになると、タイガの内面にも変化が生じていた。本当にギャンブルをやりたいのかどうか、もうわからない。

バカラは楽しいのか？　楽しくはなかった。「もうやめておけ」と体内から発しているアラートにも気がついていた。それでも夜になると闇カジノへと足が向いてしまう。カードを絞らずにはいられない。資金をつくる方法は尽き、借金に四苦八苦することがわかっていても、やめられない。

それまで、合理的に人生の計算をこなしてきたタイガの脳内コンピューターは、質《たち》の悪いウイルスに感染したかのように、演算能力もセキュリティー機能もめちゃくちゃになっていた。

身の回りから、人が去っていく

ギャンブルについて、妻にはまだ秘密にしていた。「仕事が忙しく、会社に泊まり込んだり、付き合い酒が多かったりすることで、帰宅できない」とうそを言っていた。そうは言われても、妻の側でも着々とフラストレーションのメーターは上がっていく。家にいるとけんかばかりで、顔を見るたびに妻に責め立てられる。「たまには早く帰ってきて」「お酒はほどほどにして」「たまには子どもの面倒を見て」「休みの日はどこかに連れて行って」……。どれも正論すぎて、返す言葉もない。

そんなとき、利息の返済期限が過ぎた消費者金融から、自宅に通知が届いてしまった。それを見た妻は激怒した。とっさに「小遣いが足りないから手を出した」と言い訳をしたものの、妻はタイガの実家に借金について話してしまった。これで、親からの信用を失った。その代わりに、利息分を立て替えてもらったが、急場をしのいだだけ。焼け石に水だった。

最初は、「タイガの顔」だけで気前よく金を貸してくれた友人たちも、返済が滞れば離れていく。かつて、おもしろおかしく一緒に過ごした仲間たちが、一人、また一人とタイガの元から去っていった。

「やっぱり、ここまで一気に堕ちていった理由は、サラリーマンとして不自由な生活のストレスだったと思います。社会に出た後も、周囲の人間に対しては、いつだって心のなかでマウントを取ったつもりになっていて、『俺にとって、お前らなんか問題にならない。能力的に負けるわけがない』と考え、意地になっていました。遊びたい、笑いたいと思っていた欲求を、無理やり押しつぶして仕事に向けていた反動が、闇カジノに依存した原因だった」

人としての真っ当さは粉々に

当たり前の社会人なら、自分の欲求をコントロールしつつ、ストレスとうまく付き合いながら、仕事との折り合いをつけていく。それは厳格に管理されている小中高の教育システムによって培われてきた「スキル」と言えるかもしれない。日本の特徴ともされる規律正しい環境において、ある種の同調圧力と自己承認欲求のバランスを取りながら、うまくハードルを越えつつ、さらにツキに恵まれた人が「勝ち組」（嫌な言葉だ）に入れる、緩慢ながら息苦しい競争社会だ。

それまでタイガは、そんな社会システムのスキを突いたり、反対に「やるべきときはやる」というメリハリを使い分けたりしながらここまできた。学生時代には、たいした苦労もなく、「おいしい生活」を送ってきた。社会に出てからは壁にぶつかったものの、それを自力でクリアした。クリアするだけの能力もあった。

子ども時代から大人にかけて獲得した「人としての真っ当さ」は、闇カジノが粉々に破壊してしまった。

借金が露呈した後も、一向に闇カジノ通いをやめなかった。ついに夫に見切りをつけた妻は、子どもを連れて去っていった。これには、さすがのタイガもダメージを受けた。闇カジノに行く金もなければ、守るべきだった家族にも見放された。ダサい自分がそこにいた。泉州の実家に戻り、せっかく仕事に慣れてきた会社もすっぱりと辞めてしまった。会社に所属する意味も意義も見失った結果だった。

抜け殻のようになったものの、両親の手前、いつまでもブラブラしているわけにはいかない。まもなく、外資系生保会社で職を得た。まともに働く気力など、とっくに尽きかけていたが、まだ20代。学歴も仕事の能力も十分に備わっていたのだから、生活をいったんゼロに戻し、やり直すことはできる。

同年代で、投機や事業に失敗した経験のある若者も少なくはないが、そこで心が折れて人生を投げてしまうか、再起を図ってセカンドチャンスを待つかのいずれかだろう。タイガの場合、どちらでもなかった。いつだって出たとこ勝負。受験も就職もギャンブルも、次を待つ経験など、まったくなかった。待たないでも勝手に結果がついてきた。そもそも、ギャンブルの沼から抜け出そうという発想がなかったのだ。

何かないのか――。順風満帆だった日々から、奈落の底に転落してしまった自分の人生を立て直せる、一発逆転の勝負。麻雀に例えれば、ツキに見放されて敗色濃厚となった終盤に、ダブル役満をツモるような何かが……。そんなタイガの元に、決定的な悪魔が忍び寄った。

野球賭博だった。

野球賭博の仕組み

そもそものきっかけは、地元に残っていた友人からの誘いだった。進学校から大学に入学、そして上場企業への就職と、表社会で生きながら、同時に裏の社会もたっぷり見てきたタイガにとって、野球賭博は決して未知の世界ではなかったが、手を出さなかった。満ち足りていたので、あえて手を出す必要もなかった。

当たり前の生活をしている人なら、絶対にかかわることがない野球賭博は、著名人らが摘発されたときにニュースで耳にする、本当の闇の世界だろう。

だが、タイガは言う。

「関西にいると、野球賭博はかなり身近なものなんです。ちょっとしたきっかけがあれば、誰でもそこに簡単に入ることができるんですよ」

タイガが足を踏み入れることになった世界の構造はこうだ。

野球賭博は、ちょうどピラミッドをひっくり返したような逆三角形の構造で運営されている。最終的な利益は一番深いところに潜んでいる胴元に流れ落ちるようになっているが、その途中にも何段階かの胴元がおり、円滑に賭けを成立させ、金の流れをつくり出す仕組みが構築されている。中間の胴元は、堅気、つまり真っ当な社会人であることも少なくないという。

タイガがかかわった野球賭博のグループの場合、地元の小さな建設会社の経営者が中間の胴元であり、さらにもう一歩深い階層には、地域でも名の知れた企業の経営者がいた。ある程度の深さまでは、堅気の客と堅気の胴元の間で金がやりとりされていく。

賭けの対象は、主にプロ野球で、WBC（ワールドベースボールクラシック）などの国際大会、それに高校野球、いわゆる甲子園などのケースもある。

原則、オッズにはハンデがつく。

プロ野球A球団とB球団のナイターがあると仮定する。A球団は首位を独走しているチームで、その日はエースが先発する予定。一方のB球団は、投打ともに調子が上がらずに下位に甘んじている。どちらに賭ければ勝てそうかは、誰の目にも明らかだ。

そこで、当日の午後3時30分に、定期的に胴元からメールによるハンデが発表される。

それを受けて、参加者はメールで自分の「買い目」を胴元に伝える。ちなみに、参加者は、「テラ銭」として、賭けた金額の10パーセントを胴元に支払う。競馬や競輪の控除額に相当するものだが、野球賭博では「タックス」と呼ばれる。自分が賭けた分が「はずれ」の場合のみ、「タックス」は免除される。

先ほどの対戦で、A球団の「ハンデ2・0」と発表されたとしよう。これはA球団が2点ビハインドの状態からゲームが行われるようなもので、2対1でA球団が勝っても、野球賭博では2対3でB球団の勝ちとなる。ハンデを考慮しても「A球団が勝つ」と読んで、10万円を投入した参加者は、3点差以上のスコアで勝たないと「はずれ」となり、賭け金は全額没収。最小3対0以上の得点差でA球団の勝利となれば、タックスを差し引いた9万円が配当金となる。もしも2対0のスコアでA球団が勝ったとしたら、ハンデ分が効いてドローとなり、タックス1万円のみが参加者の負担となる。

そのほか、点差などでハンデが細かく分けられたり、地域の胴元ごとにローカルルールが定められたりするケースもある。1万円程度の少額から賭けに参加できるが、もちろん、その10倍、100倍、さらにそれ以上をつぎ込む参加者もいる。

このハンデだが、近寄ることができない闇と謎に包まれているという。その付け方は、きわめて「よくできたもの」らしく、チームの戦力や調子はもちろんのこと、どうやら選手個人の体調や家族の問題などまで考慮されたものらしい。時には、かなり現場に近しい関係者でなければ知り得ないようなディープな情報が加味されていることもあるそうだから、本当に闇があるのなら相当に深いものと言えそうだ。なお、日本全国、野球賭博におけるハンデはほぼ共通のものらしく、タイガは「日本国内にハンデ師は数人しかいないらしく、東西南北、どこの地域でも同じハンデで賭博が行われるようです」と話す。このルールを見れば、逆に「イカサマ」や「ぼったくり」などが介入する余地は少ない。

ただ、危ないのは、毎週の締め日まで、現金のやりとりがまったくないこと。いわば、「帳面上」だけで、毎週の賭け金、配当金がつけられていくことだ。

賭け金も配当金も、すべて後払い。賭博のおもな対象は、言うまでもなくプロ野球の試合結果。春から秋までは、ほぼ毎日のように試合が行われており、移動日となることが多い月曜日が清算の締めとなる。

どうして、これが危ないのか。

それは、毎週火曜日から日曜日までは、手持ちの「タマ」がゼロでも賭博に参加できることにある。火曜日のゲームに10万円を突っ込んで、9万円勝ったとすると、元手の資金ゼロで儲かったことになる。万が一、その日に負けても、翌日はまた資金ゼロで賭けられるので、取り返せる機会がある。それが日曜日まで連日続く。

だが、日曜日までマイナスだったら、当然、月曜日には胴元に負け金額を精算しなければならない。もしも、そのときに負け分を支払えるだけの金がなかったら……、相手が相手だけに、ただではすまされないことは想像がつく。そのため、必死に金策に走ることになる。ギャンブルに依存していると、まず苦労するのは、賭けのための資金、つまり「タマ」をつくることだ。パチンコも競馬・競輪も、闇カジノも、元手がなければ何も始まらない。

再三指摘してきたが、誰かをギャンブル依存から救済したいのなら、まずギャンブルに近づけさせないこと。つまり、賭ける資金を与えないことが、もっとも大切なファーストステップとなる。パチンコ玉やコイン、馬券・車券、カジノ用チップを買えなければ、依存対象との関係は断ち切らざるを得ない。

野球賭博はそうではない。「タマ」も配当もすべて後精算なので、際限なくギャンブルにつぎ込むことができる。ギャンブル依存という疾病によって、適切な判断力を失っている人なら、どうなるかは自明の理だ。勝ち続けられればいいが、ギャンブルである限り、そんなことはあり得ない。精算日に、負け金額が支払えない人はどうするのか。

「飛ぶ（行方をくらませる）しかありませんよ」。そう言って、タイガは苦笑いした。

資金がないのに一発逆転を探していたタイガにとって、野球賭博以上の勝負手はなかった。当初は、週あたり1万円、2万円の小さな勝負をした。勝ったり負けたりを繰り返していたが、やがて賭ける金額は桁数のゼロが一つ増え、やがて100万円単位になった。とにかく、鉄火場としてのあらがえない魅力があるのは、闇カジノも野球賭博も一緒だった。

ある週、金曜日までの負け金額が110万円ほどになっていた。まだ土日が残っているが、月曜日までに取り返せなかったら……。

結局、タイガは飛んだ。


ギャンブルにはまり込むのは「バカ」なのか

ネットの掲示板やコメント欄には、「ギャンブルで身を滅ぼすのはバカ」「勝てない勝負に夢中になるヤツは頭が悪いだけ」などと、依存症に陥った人への罵詈雑言が後を絶たない。

タイガは「バカ」で「頭が悪かった」のか。

そうではない。

彼への取材は5回、延べ9時間近くにも及んだが、クリアな記憶力、質問の意図を瞬時に理解する思考のスピードには、幾度も舌を巻いた。頭の回転の速さだけではなく、学生時代には、親を喜ばせるために受験勉強に集中し、社会に出てからも先輩に追いつこうと努力するなど、ある種の堅実さも持ち合わせている。

もちろん、コツコツと地道に生きている人を斜に構えて見下ろす浅薄さや、場当たり的なご都合主義は目立つものの、程度の差こそあれ、今も昔も、そうやって生きている若者はたくさんいる。タイガだけが特殊ではない。

むしろ、本来のタイガなら、多数のネットの書き込み同様、「ギャンブルぐらいで生活をめちゃくちゃにするなんて、頭が悪くてダサい」と言いそうだ。

やはり、ギャンブル依存は、人間のアイデンティティさえ変えてしまう「精神疾患」なのだ。

＊

タイガ自身、それまでもギャンブルに対する見識はあったのに、結果的に底なしの泥沼に入り込み、せっかくの人生を大きく変えてしまった。そのトリガーが、「闇カジノ」によって引かれたことは間違いない。高校時代には、ギャンブルに対して「冷静な目」を持っていたからこそ、パチスロで荒稼ぎできていた。普通にやっては勝てないことも、十分に理解していた。システムの隙間を突くことで、逆にパチスロを食い物にしていた。大学生になってからは、もっと稼げるバイトに出会い、パチスロから距離を置いたことからも、それは明らかだ。ある意味、ギャンブル（行為）に入れ込んでいたのに、現実には依存からはもっとも遠いところにいた。

ところが、高校、大学と分不相応な「あぶく銭」を得たことで、当たり前の金銭感覚は大きく狂った。賭ける金がなければ、バカラの闇に身を投じたりはしなかった。さらに、不慣れなサラリーマン生活で、体中にストレスが充満していたときに出会ってしまったために、今度は闇カジノの餌食にされてしまった。

ギャンブル依存は、部分的な機能不全

北里大学病院（神奈川県相模原市）などでギャンブル依存の治療に数多くの実績を持つ、『よくわかるギャンブル障害』（星和書店）の著者、蒲生《がもう》裕司医師（精神科）は、こう説明

する。

「ギャンブル依存なのに、日常はきちんと理性的な生活をしている人がたくさんいる。会社ではしっかりと仕事をしているのに、ギャンブルに依存していくケースもある。結局、人間として理性のすべてが壊れているわけではなく、報酬系からくる特定の渇望がそれを上回ってしまっている結果だと思う」

理性のすべてが壊れてしまっているわけではない――。つまり、ギャンブル依存に陥った人は、決して「バカ」でも「頭が悪い」わけでもなく、部分的な機能不全を起こしている疾病にかかっているわけだ。だったら修復が可能でもある。

＊

その後のタイガ――。

家族も仕事も信用も、すべてを失い、野球賭博でつくった借金から雲隠れするために実家を飛び出して、自分を慕ってくれる女性の部屋に転がり込んだ。それでも、タイガの頭のなかでギャンブルは誘惑をやめない。

２０１２年、最後の勝負をかけた。返さなければならない借金はたくさん残っているのに、ありったけの知人から金を集め、やっとつくった２０５万円を手に闇カジノに出向いた。一晩かけた最後の勝負で一文なしになり、早朝、人がいないミナミの繁華街を歩きながら、むしろ滅びの美学への自己陶酔に陥っていた。

つかの間のセンチメンタリズムなど長くは続かない。続けられない。

間もなく、タイガは飛んだ。2度目だった。

しばらくは、地元大阪を離れ、地方の原発作業員として短期間の職を得たり、日払いの塗装工をしたりして、なんとか糊口をしのいでいた。闇カジノに行く金はなかったが、ギャンブルへの渇望は続いていた。少額の金でパチンコを打って、それをなんとかごまかしていた。

そんな生活は、ますますタイガの理性をむしばんだ。かつて、自分の才覚と運だけでスイスイと世の中を渡ってきた彼にとって、金も居場所もない生活は耐えられない。金が欲しい――。

*

そして、とうとう犯罪に手を出してしまった。

大阪に戻り、再びある女性の部屋に転がり込んで、食うや食わずの生活をしていた。ある夜、友人と一緒に、大阪の路上で歩いている人を襲い、金を奪おうとした。抵抗され、結果的には未遂には終わったものの、被害者に軽傷を負わせたことで、後に警察に逮捕されてしまった。

手錠をかけられた姿は、かつてタイガが軽蔑していた「ダサいヤンキー」以下だった。というよりも、タイガ自身が、本当に「バカ」で「頭が悪い」人間に変わってしまった瞬間でもある。

だが、こうも言う。

「手錠をかけられて、パトカーで連行されているとき、すーっと気分がラクになりました。もう、ギャンブルのために借金の心配をする必要はない」

実際に犯行に及んだのは友人で、タイガは近くで見張りをしていたため、まもなく執行猶予付きの有罪判決が出た。身請けに来た家族は、タイガをそのままギャンブル依存の更生施設に送った。そこで苦しみながら2年以上を過ごしたことで、ギャンブルへの思いをきっぱりと断ち切った。

＊

現在のタイガに聞いてみた。

「今、目の前にバカラのテーブルがあったら？」

屈託のない笑顔で、即座にこう返してきた。

「やらないと思いますよ。でも、絶対なんてない。この世に100パーセントなんかないと思います。だからこそ、過去と向き合いながら、自問自答をする毎日です」

ミナミの闇カジノで最後の205万円を失ったとき、タイガは「自分の人生は、まだ続くのか」とうんざりしながら考えた。

まだ30代。人生は続いていく。

第6章　ポケットのなかの断崖絶壁

選択肢は「借金」「自死」、もしくは「横領」

人は「何かを期待する」ことで、前向きになる。努力や苦労の先にある何かを手に入れようと、勉強をしたり、練習をしたり、仕事に打ち込んだりする。一方、最初に「ラクをして儲けたい」と期待して、ギャンブルに手を出す人もいる。こちらが期待しているのは、「成果」ではなく、ただの「幸運」だが。

精神科医の蒲生裕司医師は、ギャンブルについて「勝負に勝ったときに脳内でドーパミンが活発になるわけではなく、「今日は勝てるんじゃないか、儲かるんじゃないか」と、報酬への期待を抱いているときのほうが活発になる」と説明する。

ドーパミンは「気持ちいい」「幸福を感じる」「意欲的になる」などの状態にかかわるホルモンで、ギャンブル依存者は、賭け事によって活動性が高まることで、精神的な依存状態が形成されていくことがわかっている。だとしたら、ギャンブルの対象が身近にあるほど、報酬期待のスイッチは入りやすくなり、依存への危険は増す、ことになる。

オンラインのギャンブルは、時間も場所も選ばない。24時間、いつでもどこでも、スマホのなかから報酬期待が手招きする。都内の会社員、セイタ（28）はそんな「オンラインカジノ」の沼にはまり込んだ。

＊

２０２０年10月、新型コロナウイルス感染症の拡大に、世界が右往左往していた。セイタにとっては、未曽有のウイルス禍よりも、東京五輪の1年延期よりも、目前に迫っていた消費者金融への返済、そしてクレジットカードへの支払いのほうが、はるかに切迫した問題だった。

この月は25日が日曜日に当たり、23日の金曜日には給料が自分の銀行口座に振り込まれたが、その日のうちに、全額がスマホのオンラインカジノにのみ込まれてしまった。

預金口座の残高はほぼゼロで、財布に残った数枚の１０００円札が全財産だった。消費者金融もクレジットカードも限度額いっぱいまでの借り入れがあり、これ以上の現金調達は絶望的だった。このままでは、週明け後の仕事も満足にできない。

どうするか。

選択肢は3つ。「家族・知人から借金する」「自分の首をつる」、そして、もっとも安直でラクそうな「金を盗む」だった。具体的には、会社の金の「横領」だ。

ちょっとした悪知恵《アイデア》があった。

セイタが勤務する都内の中堅セキュリティー関連企業には、成果を上げた社員に対して、会社から現金が支払われるインセンティブ（報奨金）制度がある。新規契約の獲得などで、報奨金を受け取った社員は、その一部を自分が所属する部に還元し、歓送迎会費用などの足しにする慣習があった。部署の出納管理は、同僚の女性社員が担当している。

会社の金に比べれば、格段にガードが甘い。「無断借用」しても、短期間のうちに戻しておけば、誰にも気づかれない。

大丈夫。その金を盗《パク》み、オンラインカジノで増やせばいい……。

会社の金に手をつけ、早朝の喫茶店で「カジノ」

週明けの月曜日、セイタは一睡もせずに、ガラガラに空いた始発電車に乗り込んだ。まだ薄暗い都心のオフィスビルに着くと、誰かに鉢合わせするのではないかと、バクバクと心臓が暴れ出す。無理やり自分を落ち着かせ、社員証で無人のオフィスのロックを解除し、部費を管理している女性社員のデスクに直行した。引き出しを探ったら、すぐに見覚えがある小さなポーチが目に飛び込んできた。

これだ！

なかには9万円強が入っていた。少しためらいながら2万円だけを抜き取り、元の場所にポーチを戻すと、急ぎ足でオフィスを出た。最寄りのコンビニで、盗んだ全額を自分のオンラインカジノ口座に入金し、早朝営業している喫茶店に飛び込んだ。注文したコーヒーも待ちきれず、スマホでオンラインカジノにアクセスすると、「バカラ」を始めた。

2万円は、あっけなく消えてなくなった。もう、自分には、後戻りする道などない。すぐにオフィスに引き返し、女性社員のデスクから、今度は残りの7万円すべてをつかみ出した。コンビニ、喫茶店と同じコースをたどり、最後のバカラを始めた。「負けたら……」などとは考えなかった。考える余裕さえ失っていた。

厳格な両親のもとで

セイタが生まれ育ったのは、中国地方の県庁所在地。厳格な親のもと、高校を卒業するまでは典型的な「良い子」だった。もともと足が速く、小学2年生からは地元のクラブチームでサッカーを始めた。英国プレミアリーグ「アーセナル」で活躍していたティエリ・アンリ選手にあこがれ、自身もフォワードとして、チームの前線を担った。相手ディフェンスと1対1で勝負するときの興奮が大好きで、味方からパスが回ってくると、「絶対に決めてやる」と闘志に火がつく。生まれついての負けず嫌いだった。

学校の成績も上々だった。中学受験になると、県内有数の中高一貫校に合格し、親の期待にしっかりと応えてみせた。中高6年間を通じて、サッカー部の熾烈なレギュラー争いに明け暮れながら、親の言いつけに従って、合間にきちんと塾通いも続けた。文武両道の優等生。学校や塾への行き帰りに、パチンコ店から出てくる人たちを見ると、「バカなことをやっているな。自分とは生きている世界が違う」と、軽蔑の視線を浴びせる側にいた。

さほど必死に勉強をした自覚はないが、大学入試になると、関西の有名大学法学部の合格通知をきっちりと勝ち取っていた。

ギラギラした都会での生活が……

大阪での大学生活がスタートした。初めての一人暮らし。ほどほどに勉強をしながら単位を稼ぎ、彼女をつくったり、海外旅行に行ったりして、4年後には就職……。そんな当たり前の未来図しか思い描いていなかった。

大都会はまぶしかった。セイタが育った地元にもそれなりの活気はあったが、大阪のスケールは桁違いだった。表通りには、キラキラと華やかに着飾った男女が行きかい、裏通りに回ると、一転、ギラギラと黒光りする欲望があちこちにしみついていた。未知の刺激に満たされた世界で、親の目が届かない解放感。少し前までは、親元で多少の息苦しさを当たり前に受け入れていた18歳の周囲に、いきなり無限の自由が広がった。

経済的な心配はない。マンションの家賃も、当面の生活費も、親が自分の銀行口座に積んでおいてくれた。それでも……。もっとカッコいい洋服を着たい。若い男性に流行していた「クロムハーツ」のアクセサリーも身に着けてみたい。仕送りだけでは、さすがにそこまでの余裕はなかった。もうちょっとだけお金があれば――。そう考えていたら、すぐに居酒屋のアルバイトが見つかった。

10代の若者が、慣れない大都会に出てくれれば、最初に孤独感を感じ、次にそれを払拭できるかの不安を覚える。セイタも例外ではなかったが、バイト先の先輩たちは、にぎやかに自分を受け入れてくれた。長い間、サッカーチームに所属してきたにもかかわらず、セイタは自分から人の輪に加わっていくタイプではない。誰かと話をすることは嫌いではないが、かなりの人見知りだった。大学の授業が始まっても、不思議なことに、クラスで一緒になる同級生よりも、バイト仲間たちと一緒にいるときのほうが自然な自分でいられた。居場所ができた。心強かった。孤独への不安は、日を追うごとに、居酒屋の喧騒にかき消されていった。

都会生活は順調に滑り出した。だが、セイタの「未来」は、思わぬ方向に軌道を変えていた。もちろん、そんなことに気づくはずはなかった。

「ダサい」と思っていたパチンコ店に

バイト先の先輩たちに連れられて、生まれて初めてパチンコ店に足を踏み入れた。高校生までの自分なら、近くに寄ることもない場所だった。セイタの「基準」では、ギャンブルは「ダサい行為」、パチンコ店は「ヤバい場所」だった。それでも、バイト仲間たちとの行動は楽しく、18年間、心に根づかせてきたささやかな規範など、簡単に吹き飛ばされた。むしろ、知らない世界に、胸を高鳴らせている自分がいた。

バイト先の居酒屋には、集団でパチスロをする「チーム」があった。メンバー5、6人で店に出向き、複数の台を試し打つ。設定のよさそうな、つまり「勝てそうな台」を得たメンバーは徹底的に粘り、そうでないメンバーは投資額を最小限に抑えて早々に撤退する。最終的に儲かった人の利益をメンバー間で分配する。セイタも躊躇なくチームに加わった。

パチンコやパチスロの勝ち負けは、ほぼ座った台で決まる。もちろん、多くの台は、店側に有利な調整がされており、客が勝てる台はほんの一握りだ。逆に言えば、どこかに潜んでいる「優良台」を探し当てれば、ほとんど勝ちは確定する。

当時のパチンコ・パチスロには、かつてのプロたちが駆使していた裏技や必勝法はなかったものの、セイタが加わったチームのシンプルな戦術は、意外に利益を生んだ。

なぜか。

ギャンブルは「やめどき」の見極めが難しい。調子が悪く、途中で「このままでは負け戦になる」と感づいても、「報酬期待」で脳内に放出されたドーパミンに理性が支配されて、さらにジャブジャブと資金を突っ込んでしまう。

これがチームとなれば自制心が働く。自分が大負けすれば、チーム全体に迷惑をかける。サッカーと同様の団体競技なのだ。一人がドリブルで突っ走っても、ディフェンスに阻まれればゴールできない。自分に得点のチャンスがなさそうなら、いいポジションにいる味方に攻撃をゆだねることで、ゲーム全体を優位に運べる。ストライカーなんか必要ない。チームが勝てばいい。

情報戦を有利に運べることもチームのメリットだった。新装開店や新台入れ替えなど「勝ちにつながる情報」はメンバーの誰かが必ずチェックし、決して逃さなかった。パチンコ店ごとの設定の傾向や特徴、それに台を管理する店長のクセなども、一人一人が情報を持ち寄り、全員で分析する。

報酬は山分けなので、大きな儲けにはならなくても、チームは着実に勝ちを拾っていた。月々のバイト代に加え、パチスロの「副業分」がセイタの手元に転がり込むようになった。ほんの数か月前まで心のなかに根づいていたギャンブルの「ダサいイメージ」は、大都会のブラックホールに吸い込まれ、目の前には「自由」と「刺激」、そして「豊かさ」に満ちた空間が広がっていた。

未熟な学生が「堕ちて」いく

社会経験の少ない学生が「あぶく銭」を手にすれば、必然的に散財が始まる。セイタは欲しい服やアクセサリーを次々に手に入れた。

遊び方も変わった。生まれつき酒が飲めない体質なのに、キャバクラに行ったり、風俗店に出入りしたりした。時には大学の同級生を誘い、彼らの分まで勘定を払ってやった。友達が知らない世界を知っている自分——。周囲から一目置かれる優越感は心地よかった。未熟な若者は、どんどんラクな方向へと堕ちていく。

日々の生活はバイトとパチスロに支配され、セイタの足は大学から遠のいた。めったに授業に出ず、課題の提出さえも怠るようになった。高校卒業まで、窮屈ながら品行方正な生活を送ってきたセイタの価値観は、すっかり別人のように塗り替わっていた。

バイトやパチスロ、キャバクラや風俗などに遊びに行く以外は、部屋にこもってスマホのソーシャルゲームに興じた。当時、流行していた人気ゲームにはとくに入れ込んだ。自分でつくったチームで敵を倒しながら、「ダンジョン」と呼ばれるステージを進んでいくタイプで、基本プレーは無料だが、当然ながらゲーム会社の収益源となる「課金ガチャ」のシステムが存在した。

ガチャで、自分が求めるレアキャラを獲得できる確率は低い。狙った獲物が当たるまで、延々とガチャを引き続けてしまうプレーヤーもいた。当時の料金設定では、1回ガチャを引くたびに、ゲームアカウントに紐づけてあるクレジットカードの口座から100円が引かれた。このときのセイタにとって、1回100円のガチャは大した負担ではない。だが、それが300回、400回と続けば……。

「たとえば、手元に6万円あったとしたら、1万円ぐらいをゲームに使っても、日々の生活にまったく影響は出ません。だけど、欲しいアイテムがなかなか出ないと、延々とガチャを引き続けてしまう。あっという間に課金額は2万円、3万円と膨らんでいき、そのうちに「1万円あれば生活できる」と自分に言い聞かせるようになり、気がついたら5万円を突っ込んでいた、などが普通になっていました」と当時を振り返る。

＊

2013年、ドイツの精神医学者、マンフレド・シュピッツァーが出版した『デジタル・デメンチア』が世界中で話題になり、日本語訳も発売された。「デメンチア」は「認知症」の意味だが、本のタイトルは著者のオリジナルではなく、韓国の医師グループの発表論文に基づくものらしい。「若者たちの間で記憶障害、注意障害、集中力および感情の皮相化、一般的な感情の鈍麻が増加傾向にある」ことが、さまざまな事例を使って紹介されている。

1950年代、テレビの普及が始まったころ、ジャーナリスト、社会評論家の大宅壮一氏が「テレビ、ラジオによる一億白痴化運動」と似たようなことを言っていたので、「またか」と思わないでもないが、放送時間など、プログラムに左右されることがないネット依存・ゲーム依存の深刻さは、当時のテレビ・ラジオとは比較にならない。

かつて、テレビばかり見ている子どもは「テレビっ子」と呼ばれ、むしろ今ならのどかな響きまでも感じるが、ネットゲーム、ソーシャルゲームの世界では、度を越した没頭、ゲーム内の架空世界に耽溺して、社会生活が送れなくなった「ネトゲ廃人」さえ生み出してしまった。

すでに「ゲーム依存」「ネット依存」は深刻な問題となっている上に、今後、メタバースに代表されるような仮想空間が身近になれば、今以上にリアルなシミュレーションゲームが出現することは確実だ。シュピッツァーが『デジタル・デメンチア』で予見した以上に大量の「認知障害者」が出現する可能性だってある。

＊

現金という即物的な報酬が目の前にちらつくギャンブルとは異なり、オンラインゲームのガチャは利那の満足以外、何も手元に残らない。

それが非生産的な行為であることぐらいは、セイタは十分に理解していた。それでもやめられなかった理由は、手元にあった「あぶく銭」の存在だ。さらにソーシャルゲームのギャンブル性に、自分の理性が麻痺していたことが輪をかけた。自制心を促す仕組みがあった現実社会のパチスロチームとは違い、スマホゲームの舞台である仮想空間には、自分自身にストップをかけてくれるリミッターがなかった。

外に出るのはかったるい

この世には「永遠」など存在しない。

しばらくすると、「甘い蜜のありか」を教えてくれたバイト先の先輩たちが卒業、就職していき、現役学生のセイタだけが居酒屋のフロアに取り残された。パチスロに行くのも独りぼっちになった。もう、勝利の方程式は存在しない。だったら、きっぱりとやめればいいものを、相変わらずセイタはパチンコ店に出向いた。

金を稼ぐ必要があったのだ。バイト先の先輩はいなくなっても、大学の同級生たちとの付き合いは続く。一度、手に入れた「みんなから一目置かれる」というステータスは手放したくない。チマチマと地道なバイトでは、自分の「武装」は維持できず、あぶく銭が期待できそうな存在は、スロット以外に思いつかなかった。

パチンコやスロットは、ある程度のベテランになると、経験則が培われ、台の挙動から、勝てるかどうかの見極めができるようになるという。勝てない台にしか当たらなかったら、早いうちの撤収が鉄則だ。それは、熟練ギャンブラーの知恵であり、矜持でもある。セイタがかつて所属したチーム戦術の生命線でもあった。ところが、個人戦ではその鉄則が機能しない。報酬期待に理性が狂わされた未熟なフィールドプレーヤーは、パスを出す味方がいなければ、自分で強引にドリブル突破で局面を打開しようとする。

結果は言うまでもない。セイタは負け続けた。

当たり前の話だった。有象無象の敗者たちが、とぼとぼと店を後にしていくのがパチンコ店の日常風景であり、セイタがその一人に加わっただけの話だ。ジワジワと自分の持ち金が減っていくにつれ、ようやくセイタもパチスロに出かけていく価値がないことに気づいた。報酬期待と現実とのギャップにはね返され続けているうちに、出かけていく面倒くささが勝ったようだった。

ギャンブルから離れ、本来の自分を取り戻すチャンスだった。

が、そうはならなかった。やっぱり遊ぶ金は欲しい。わずかな時給のバイトなんか、もう面倒くさいが、家でゴロゴロしてソーシャルゲームばかりしていれば、手持ちの金はどんどん減っていく。

なんとかしなくちゃ――。

手っ取り早く、金を増やす……。社会経験のある大人なら、そんな手段など、どこにもないことはわかりきっている。だが、未熟な学生は、努力も苦労もせずに、「濡れ手に粟」

の報酬ばかりを探し求めた。ギャンブルでは、得るよりも失う可能性が高いこともとっくに感づいてはいる。それでも、大した価値がない「自分の虚像《ステータス》」を維持するために、かつては唾棄すべき対象だった「ダサい行為」にしがみつこうとしていた。ここにギャンブル依存へのトリガーが隠れていた。

自宅でゴロゴロしながら金を増やせるような、都合のいいギャンブルはないものか。

あれこれインターネットで調べた結果、外国為替証拠金取引（FX取引）、それに競馬が候補として浮上した。前者の場合、口座開設には親の同意が必要だった。一方、中央競馬（JRA）の専用口座は、比較的、簡単に開設ができる。現金を預けておけば、スマホを使って馬券が買え、レースを開催している競馬場や場外馬券場に足を運ぶ必要はない。

これだ！　セイタはさっそくネットで口座を開設した。

＊

競馬好きには2種類のタイプがいる。

まず、関係者が知恵を振り絞って交配を重ね、さらに厳しいトレーニングを課してつくり上げた競走馬に、ある種のロマンを重ねる人たち。サラブレッドの血統や脚質、それにレース当日の天気なども考慮しながら予想を組み立て、人馬一体のドラマに熱くなる。いわば「金を賭けたスポーツ観戦」のようなものだ。馬券が当たれば言うことはないが、「いいレースを見た」という満足感も報酬となる。ギャンブルに「グッドルーザー」など存在しないが、かろうじてこの「ロマン派」はそれに近いかもしれない。

もう一方の「馬券師」にとっては、競馬も「ただの博打」。物語性などどうでもいい。競馬新聞やネットの馬柱（出走馬のデータ）を穴が開くほどにらんで、自分で導き出した予想に金を突っ込む。芝やダートのコースを走っているのはサラブレッドではなく、自分の金を託したゼッケン、つまり「記号」だ。いうまでもなく、報酬は馬券への配当のみ。

全国紙にも大きく情報が載るような大レースの馬券しか買わない層には「ロマン派」が多く、「平場」「条件戦」と呼ばれる、それ以外の馬券も積極的に買うのは「馬券師」が多い。中央競馬だけでも、週末2日間に48から72レースもある。競馬場や場外馬券売り場に足を運び、日がな一日、競馬新聞と格闘しているのはほぼ後者で、こちらにギャンブル依存、および予備軍が偏っているのは間違いなさそうだ。

日本ダービーやオークスなどのクラシックレースや、その年の活躍馬が集結する年末の有馬記念などにはロマン派のほか、お祭り気分の「にわか便乗組」、それに単純に自分の好きな馬名や数字の組み合わせだけで馬番を選ぶ「運試し組」が大量に流入することで、莫大な額の馬券が売れる。ちなみに、2022年末の有馬記念では、2分32秒で決着したレースに約521億5000万円分の馬券が売れた。

「倍賭け」の馬券で

セイタは言うまでもなく後者、ドライな馬券師タイプだった。

しかも、大きな配当は狙わない。レースの着順も含めて1着から3着までを当てる「3連単」なら、数十倍から数千倍以上の大きな配当となることがあるが、的中させるのは至難の業だ。セイタは見向きもしなかった。ガチガチの本命馬にそれなりの金額を投じ、地道に利ザヤを稼ぐことが基本のスタイルだった。

たとえば、1着を当てる単勝オッズ2倍の本命馬券を10万円買う。当たれば20万円の払い戻しで利益は10万円になる。もちろん、断然の大本命馬だって、絶対に勝つわけではない。ここで馬券を外したら、慌てずに次の本命馬に倍額の20万円を突っ込む。ここで当たれば、先ほどの負け分10万円と合わせた30万円の出資で40万円のリターン、つまり10万円の利益となる。そこでも負ければ、次の本命馬に40万円出資し、80万円獲得すれば、やはり10万円の儲け。利益が出たところで、その日の競馬は終了する。

本命馬券の配当倍率にはばらつきはあるものの、数レースもあれば、どこかで1番人気は勝つ。大勝ちは望めないために、夢やロマンとは無縁だが、資金さえあれば、かなりの確率で利益が期待できる。「倍賭け」と呼ばれる、比較的オーソドックスな買い方の一つだ。真っ当な投資も、真っ当ではないギャンブルも、つぎ込める資金が多いほど有利になるのは資本主義の原則だ。

セイタもこのスタイルだった。競馬の醍醐味である「予想」とは無縁だったし、あれこれ考えたり、悩んだりする必要もなかった。ネットの競馬情報サイトを開いても、参考にするのは人気とオッズだけ。競走前のパドックには目もくれないばかりか、レースの観戦さえしないこともあった。

興味は、自分の選んだ「記号」が1着でゴールしたかどうかだけ。競馬が好きなわけではなかった。それでも、セイタの競馬は順調だった。手元の金が大きく増えることはなかったが、友達と遊んだり、ブランド品のアクセサリーを買ったりするぐらいの資金はつくることができるようになっていた。何よりも、わざわざパチンコ店に出かけていく「わずらわしさ」がないのは最高だった。

その分、セイタの怠惰さには拍車がかかった。ますます大学から足が遠のき、ときおり友達と遊びに出る以外は、部屋でスマホを眺めてゴロゴロと過ごす。週末になると、ベッドに寝そべったまま、馬券を購入する。ひどく無気力な生活が2年、3年と続いていった。そんな学生を、すんなり進級・卒業させてくれるほど、昨今の大学は甘くない。気がついたら、セイタの身分は「大学5年生」になっていた。

「半グレ未満」に追い詰められ

大学生活が「延長戦《ロスタイム》」に入ったころ、ちょっとガラの悪い友人ができた。セイタより少し年上で、暴力団関係者ではなかったものの、クレジットカード詐欺や闇金業などの犯罪にも手を出す、世間的に「半グレ」と呼ばれるタイプに近かった。セイタも背伸びをして、それまで自分とは縁のなかった世界で一緒に遊んでいる分には刺激的で楽しいし、必要なときに金を回してくれることもあった。

だが……。

ある時、「半グレ未満」が闇金用の元手として、まとまった金額を出資するようにセイタに頼んできた。一応は「頼み」の形こそとっていたが、現実には拒否が許されない「強制」だった。やむを得ず、親が銀行に振り込んでくれた大学の授業料を渡した。「すぐに返す」と半グレ未満は言っていたが、その後に返却を頼んでも、のらりくらりとかわされ続けた。

授業料の支払い期限は迫ってくる。焦り始めたセイタに、思いもよらないピンチが追い打ちをかけた。いや、そうではない。来るべき時が来ただけだった。

ある週末、いつもの要領で「勝ち馬に乗る」馬券を買っていた。ところが、この日のレースは波乱が続き、セイタが自信を持って資金を投じた本命馬が、4レース連続で着外に消えた。わずかな間に、5万円、10万円、20万円、40万円と口座から消えていき、セオリー通りに取り返すためには80万円が必要だったが、口座には30万円も残っていなかった。

競馬や競輪などのレースで、立て続けに本命が着外に消えることなど珍しくはない。中学生レベルの確率計算だけで想定できるリスクを、有名大学に在籍するセイタが無視していた。というよりも、根拠のない報酬への期待にまともな思考が追いつかず、当たり前の現実から目をそらしていた。目前に迫ったクレジットカードの支払いを考えると、使える金はほとんどなく、このままでは普段の生活さえままならない。いきなり、事実上の「パンク」がやってきた。

大学生活は6年に

授業料未納による大学除籍処分だけは、絶対に回避しなければならない。ただ、いくら考えてもピンチを乗り切る手段など思いつかず、救済を期待できる対象は家族以外にはいなかった。留年したことで失望を与えたばかりの父親に、恐る恐る連絡をして、自分の困窮状態を打ち明けた。

猛烈な叱責を覚悟していたが、思いがけない効果を発揮したのは、よりによって半グレ未満の存在だった。セイタが「悪い仲間にだまされて、授業料を使い込んだ」と、脚色交じりで父親に話したところ、「バカなことをしたな。これも社会勉強だと思え」とさほど怒った様子もなく、授業料と生活費を出してくれた。

拍子抜けだったが、助かった。

さすがに多少は反省した……つもりでいた。だが、生ぬるい日々に慣れ切ったセイタには、生活を改める決意などできるはずもなく、相変わらずスマホのゲームに興じるなど、ダラダラした毎日が続いた。セイタが大学を卒業したのはさらに2年後。つまり、6年間も大学にいたことになる。

留年中にいやいや開始した就職活動にも、まったく熱が入らない。朝、ベッドから起きられずに、面接のアポイントに間に合わなかったり、面倒になって入社試験を当日にすっぽかしたり。

それでも、なんとか最終面接までいった3社のうち、1社から首尾よく内定を受け取ることができた。上場こそしていないものの、それなりに名の通った東京の中堅企業だった。自堕落な生活を送ってきたくせに、セイタ自身の見栄張りの本質は変わらなかった。大学を出ての「無職《プータロー》」はもちろん、フリーターにも抵抗感があった。やっぱり、自分の体裁はそれなりに整えないと、すでに実社会で活動している高校や大学の同級生にあわす顔もない。

社会人として帳尻を合わせはしていたが

生活の場は大阪から東京へと移った。サラリーマンとして、毎日、スーツに袖を通すことで、少しは気持ちも生活もシャキッとした。負けず嫌いで見栄張りの性格は、ここでもプラスに働いた。会社組織にいる限り、「仕事ができないヤツ」にはなりたくない。配属された営業部では、毎日、しっかりと仕事に打ち込んだ。素顔のセイタは、穏やかな口調の物腰からも、育ちの良さが伝わってくるタイプだった。社内でも得意先でも評判は悪くなかった。

オフィスのフロアを見回すと、周囲で働いている先輩や同僚は、真面目な堅物ばかりで、ギャンブルに入れ込んだり、キャバクラや風俗に出入りしたりするようなタイプは一人も見当たらなかった。セイタも空気を読みつつ、サラリーマンとしての帳尻はしっかり合わせた。自堕落な学生生活を続けてきたわりには、会社の仕事は嫌いではなかった。

それでも毎日、気を張っていた入社直後を乗り越えて、新しい生活に慣れてくると、あまりにも刺激が足りなかった。日本の新卒サラリーマンの給料は、地道な労働への対価としては物足りない。どこの会社も似たり寄ったりだろうが、もう少し金が欲しかった。

社会人1年目を終えると、刺激と金銭への「渇き」に耐えかねて、再び馬券を買うようになった。かつては週末の中央競馬だけだったが、平日には地方競馬が開催されている。仕事中にそっとスマホを使って馬券を買い、しばらくして結果を確かめるだけなら、平日のサラリーマンにもできる。

会社からの給料は日々の生活に消え、まだ預金ができるほどの余裕はなかったため、資金は消費者金融やクレジットカードのキャッシングに頼った。どちらも学生時代に比べて融資枠が大きくなっていた。理論上、100万円を借りて、1・1倍しか配当のつかないガチガチの複勝馬券に突っ込めば、かなりの確率で10万円のリターンを得られる。

リスクは大きいが、うまく資金は回転した。毎月、借金の利子だけはきっちりと返済し、増えた金で高級風俗店に出かけることもあった。学生時代に見た痛い目など、とっくに喉元を過ぎ、熱さは過去に置き忘れていた。

だが、その過去が亡霊のようによみがえった。かつての再現ループに入ったように、同じことが起きた。ある日、確信を持って買った本命馬が、連続して負けた。あっという間に競馬用の銀行口座は空になり、消費者金融からの大きな借金が残った。とても会社の給料だけで返せる金額ではない。とにかく利子だけでもなんとかしないと、返済の取り立てで大変なことになる。消費者金融からの借金など、絶対に会社にばれてはならない。

とりあえず、ネットオークションで手持ちのアクセサリーを売るなどしながら、その場しのぎを続けた。

そしてオンラインカジノに

もう、パチスロにも競馬にもうんざりだった。そして、以前と同じ自問自答をした。

「競馬以外に、儲かるギャンブルはないのか？」

結果が出るまで時間がかかりすぎる株投資では、とても次の利子返済には間に合わない。非合法の「闇カジノ」の存在は耳にしていたが、万が一、自分が客として店にいるときに、警察の家宅捜索《ガサ入れ》にでも当たったら、社会人としての身分は終わるかもしれない。半グレ未満に痛い目にあわされた経験からも、非合法の賭場の背後に反社会的組織、つまり暴力団の影がちらつくことへの恐怖心もあった。

だったら、オンラインのカジノならどうか。

一般的な市民感覚からすれば、民間が開催しているギャンブルなのだから、法的に「クロ」になりそうだが、ネットで情報を集めた結果、「灰色に近いシロ」とのことだった。どうやら、摘発されて、罪に問われることはなさそうだ。

あらためてネットで検索したら、いくつかのカジノサイトが見つかった。掲示板のクチコミを参考にしながら、日本人利用者の人気が高そうなところに試しに登録してみた。運営本体は中米コスタリカにあり、欧州マルタ島から公式ライセンスを受けた大手オンラインカジノとの触れ込みだった。初登録者にはボーナスポイントが付与されたので、無料でルーレットやブラックジャック、それにバカラなどを試してみた。

スマホの画面を通しているにもかかわらず、勝負は楽しかった。ギャンブルならではのピリピリとした空気が小さな液晶越しに肌を刺し、脳内にドーパミンが充満してくるのを感じた。幸運の波をつかまえて勝ち続けたり、ツキに見放されてまったく勝てなくなったりなどの、賭け事につきもののアップダウンも普通にあり、現実のカジノさながらの興奮があった。

いわゆる「イカサマ賭博」にありがちな、最初は客に勝たせて、後で根こそぎ回収される（ぼったくられる）「仕込み」への疑心暗鬼も頭の隅にあったが、それも徐々に消えていった。どうやら、かなりフェアに運営されているようだ。顧客が世界中にいる「グローバルなカジノサイト」と認識されていることも、セイタに安心と勇気を与えた。

24時間、いつでも、どこにいてもスマホ一つで参加できる。その手軽さ、自由さは競馬以上で、まさにセイタが探していたギャンブルだった。次の給料が入ると、消費者金融に支払う利子を除いて、大部分をカジノ口座に預け入れた。

さすがにセイタの頭のなかでも、これがギャンブルならではの「ハニートラップ」であることを告げるアラートが小さく鳴っていた。にもかかわらず、これまで味わわされてきた痛みのシグナルは、スマホ越しに見え隠れする報酬期待の前にかき消されていた。

オンラインカジノは「シロ?」

そもそも、オンラインカジノとは何か。

インターネットを利用し、パソコンやスマホ、タブレットなどの画面上でバカラやブラックジャック、ルーレットなどができるギャンブルであることは想像がつく。賭ける金額の多寡にかかわらず、ソーシャルゲームさながらに参加できる気軽さから、世界中で人気が高まってきた。海外発といっても日本人向けサイトなら、日本語で運営されているので、言葉の心配もない。

オンラインカジノには、パソコンなど端末を設置して客に遊ばせる「店舗型」とネット上のみで運営されている「無店舗型」がある。

日本国内の場合、店舗型は言うまでもなく違法だ。店内で客に違法賭博をさせれば、店側は「賭博場開帳図利《とり》罪」に該当し、「3月以上5年以下の懲役」、客側には「50万円以下の罰金または科料」、さらに常習化が認められれば「常習賭博罪」として「3年以下の懲役」という重い処罰が下る可能性がある。現実に闇カジノ、闇スロットなどの違法店と同様に、国内の店舗型ネットカジノが摘発された例はいくつもある。

厄介な存在は「無店舗型」だ。ネット上で展開しているカジノの主催者は、ギャンブルが認められている国で合法的なライセンスを得ている海外業者がほとんどだ。つまり、あちらは正当なビジネスを堂々と展開していることになる。運営用のサーバーも外国にあるため、日本国内の法律が及ばず、賭博場開帳図利罪の適用外になる。

だったら、そこで遊ぶ客はどうか。かつて、パソコンやスマホを使って、オンラインカジノでギャンブルをすることが単純賭博罪に問われないかが議論となったことがある。国が認めていない無許可賭博に興じるわけだから、答えは「クロ」と思いがちだが、驚くことに現状では罪に問われていない。いったんネットカジノで摘発を受けた人が不起訴になった例もある。

もちろん、無認可のギャンブルなのだから、理屈上「シロ」のはずはない。だが、明らかに罪が重い「賭博主催者」がおとがめなしで、利用客側だけが摘発されるのでは、いかにもバランスは悪い。本来の日本の法律上、「賭博行為」として「クロ」のはずが、現状では「罪に問われない」という、釈然としない状況が続いている。

オンラインカジノについては国会でも取り上げられた。2020年当時、衆議院議員の丸山穂高氏が「オンラインカジノの定義」などについて質問し、安倍晋三首相は「確立した定義はない」と、なにやらはっきりしない答弁を返した。一刻も早く、法的な整備が必要なはずだが、現時点では行政も司法も、扱いに手を焼いている様子が明白だった。

手軽さに隠れた「破滅」

確率論的にも、ギャンブルにおいて「ビギナーズラック」は、起こりうる。オンラインカジノに熱中し始めたセイタは、しばらく絶好調の波に乗っていた。勝つか負けるかは五分と五分。それでも、セイタが見つけた「新たなギャンブル」は順調だった。退屈さを覚え始めていた会社生活に、刺激的なスパイスが加わったが、そんなことは二の次だった。金さえ儲かればいい。

やっぱり、ギャンブルは最高だ。

オンラインのギャンブルは参加が手軽な分、表裏一体で破滅もすぐそこにある。そもそも、セイタは競馬で開けた「穴」を消費者金融からの借金で埋め、さらにカジノへの参加資金も、会社の給料と追加の借金で捻出していた。いわば、マイナスからのスタート。「危うい報酬」をつかみ取ろうと、自分のいる「危うい状況」から目を背けていた。

そのときはあっさりとやってきた。

勝ち負けを繰り返しながら、なんとかプラス収支を続けてきた勝負が、負け一辺倒に転じた。失った分を取り返そうと重ねた借金も、悪い夢を見ているようにスマホのなかで溶けていく。経験や知識が勝敗にかかわってくる競馬やマージャンなどに比べて、カジノには個人の能力が介在する余地はなく、すべては運任せ。負け続ける可能性など、算数レベルの知識で説明ができる。

*

これまでに、セイタが経験した経済的ピンチなどとは、比較にならない惨状となっていた。会社の給料が出ても、消費者金融の利息分だけで吹っ飛んでしまう。

そして、2020年10月、入ったばかりの給料を、数時間で溶かす結果になったセイタは、会社の同僚たちの金に手をつけることを決意した。

*

早朝の会社に忍び込んだセイタは、2度にわたって部費9万円を盗み出した。

負けたら本当に終わり。生きるか死ぬかのバカラ勝負に突っ込んだ。喫茶店のテーブルで、一心不乱に、スマホのなかでカードをめくり続けると、うまくいい波をつかまえることができて、持ち金は12万円にまで増えた。

「これで、盗んだ《パクった》部費は返せる」

始業時刻が近づいたので、喫茶店を出て、いったん会社に戻った。とりあえず、気持ちには少しだけ余裕が生まれていた。だが、このときのセイタにとって3万円のプラスなど焼け石に水。勝負続行の一択しかない。

ホワイトボードの「外出先」に得意先の名前を書くと、再び喫茶店に出向き、オンラインカジノへと戻った。

正午前には、カジノ口座の12万円はきれいに溶けてなくなった。

もう死ぬしかない……

手をつけてしまった部費の「返済」もできない。絶望の2文字がセイタにのしかかった。

死ぬしかない……か。

だが、実行するほどの度胸はなかった。

結果的には、実家に電話をかけて、母親に泣きそうな声で「ギャンブルで借金をつくり、会社の同僚の金に手をつけてしまった」と、これまでの経緯すべてを包み隠さずに説明した。かつての「素直でまっすぐな息子」が、「ギャンブルのせいで、他人の金に手をつけた」と言ってきたのだから、母親のショックは計り知れないものがあっただろう。それでも、電話器越しに伝わってきたセイタの沈鬱な様子から、母親は息子が犯した罪以上に、自殺を恐れたようだった。

「まずは落ち着きなさい」

冷静な口調でセイタを諭すと、その日のうちに、会社から盗んだ金、それに消費者金融やクレジットカードの借金分を、セイタの口座に振り込んでくれた。久しぶりに感じた家族の存在に、なんとかセイタも落ち着きを取り戻した。夕方までには消費者金融やクレジットカードからの借金は一気にきれいになくなり、盗んだ部費も、その日の夜のうちに戻しておいた。

それと引き換えに両親が出した条件が、オンラインカジノだけでなく、すべてのギャンブルに二度と手を出さないこと。親なら当たり前の言い分だろう。そして、もう一つの条件が、ギャンブル依存の回復施設への入居だった。こちらもセイタ自身が望むところだった。高校を卒業し、大阪から東京へと生活の拠点が変わってからは、いつも自分につきまとった「報酬期待」にがんじがらめになって、ギャンブルに依存し、結果的に破滅したことは自覚していた。

そんな自分から、もう離れたい。ギャンブル、そして金の束縛から自由になりたい。生まれ故郷にいたころの自分に戻りたい、と。

二度とギャンブルには手を出さないか

勤務先には「うつ病」と申告し、長期の療養休暇を取得した。

セイタが入った都内の回復施設では、いろいろな人と出会った。アルコールやドラッグの依存者と同様にギャンブルから離れたことで、禁断症状を起こしている人もいた。セイタ自身、そんな典型的なギャンブル依存者たちと自分との間に違いを感じていながらも、これまで過ごしてきた過去と徹底的に向き合った。

どうして、自分は変わってしまったのか。どうして、かつて軽蔑さえしていたギャンブルに手足を縛られてしまったのか……。

思えば、大学へ入学して以来、ギャンブルに興奮を求めた記憶はほとんどなかった。安易に金を手に入れられる、というより、手に入れられると錯覚した手段がギャンブルだったに過ぎず、そこから抜け出せなくなっていただけだった。あまりにもギャンブルが身近にあったことも、セイタの「変節」に拍車をかけた。

いつだって、自分のポケットのなかにはスマホがあった。バイト先の先輩にパチスロを教わり、簡単に金を手にすることができてから、スマホのディスプレーを通じて、中央競馬、地方競馬、そしてオンラインカジノと、破滅への道がつながっていった。

もちろん、時代や環境、道具のせいにするつもりはない。自分が弱かっただけだった。けれど、「そこ」にギャンブルがなければ、セイタの人生は違ったものになっていたかもしれない。

「それでも、やっぱり自分はギャンブル依存だったと思います。パチンコへの禁断症状に見舞われていた人とはタイプが違うけれど、お金が欲しくてギャンブルからは離れられなかった。破滅することは不可避だったとも思います」と振り返る。

＊

10か月の入居を経て、回復施設を「卒業」したセイタは、現在は元の職場に復帰している。部費に手をつけたことはもちろん、ギャンブル依存であったことも会社には知られていない。入社当時のように、しっかりと仕事に打ち込む毎日だ。もちろん、ギャンブルには手を出していない。

ただし、こうも言う。

「今後、二度とオンラインカジノに手を出さないなんて確信はありません。いつだって自分の手元にはスマホがあり、そこからオンラインカジノへと道がつながっている。やっぱり怖いですよ」

世界が狭くなったために

インターネットは、人間の生活を飛躍的に向上させたと同時に、負の側面も持ち込んだ。国際的なサイバー犯罪はもちろんのこと、身近なデバイスを使った詐欺、薬物取引、個人への誹謗中傷、児童ポルノの取引など、ネットを媒介とした卑劣な行為は後を絶たない。だが、考えてみればどれも現実社会でも起こっていることばかりで、世界が狭くなったネット空間では、負の側面も近くになっただけだ。

ICT（情報通信技術）の波は、オンラインカジノにとどまらず、とっくにギャンブルの世界を席巻している。競馬、競輪、競艇、オートレースなどはすべてネットで賭けられるようになり、さまざまな公営ギャンブルを一括で個人管理できるサイトも登場した。

ギャンブルの危険性は、リアル社会も変わらないはずだが、ネットの場合、電子口座のなかで金が動くだけ。勝負に負けた現実さえ、バーチャルな出来事と錯覚しがちになり、破滅の足音に気づくのが遅れてしまうことがある。

そんな現状を見ると、数年前にIR整備法の議論がきっかけで導入されたギャンブル依存対策は、すべてが空虚に響く。カジノ施設に入れる回数の制限や高額な入場料設定、さらに医療的な効果をしっかり見極めることなく、ギャンブル依存の治療に保険が適用されてもいる。どれもカジノ法案を成立させるための場当たり的な政策だったことは明白だったが、さらに斜め上を行くオンラインカジノの存在は、そんな小賢しさなど簡単に吹き飛ばしてしまう。

時も場所も選ばず、24時間365日、入場無料のギャンブルに耽溺できる環境がスマホやPCのなかから手招きして、依存予備軍の報酬期待をあおり続けている。しかも、法的に「クロ」のはずのギャンブルが、現時点では「シロ」と扱われる矛盾を抱えたままに。ギャンブル依存は、財政破綻者を増やすだけでなく、違法行為、犯罪を助長する懸念も抱えており、その代償は、いつだって社会全体で負うことになる。

新型コロナウイルス感染症の拡大以降、在宅時間をどう過ごすかについての関心は高まってきた。なおさら、オンラインカジノに対する法的な枠組みづくりは急務のはず。「シロ」だ「グレー」だと、先延ばししている場合ではない。

おわりに

2003年に施行され、20年に改正された「健康増進法」には、「受動喫煙防止」について圧倒的なボリュームが割かれている。ほかの項目は「国民健康・栄養調査等」「保健指導等」「特定給食施設」などに関連した常識的な指針ばかりなので、この法律が「たばこを規制する目的」で作成されたことは明らかだ。

健康増進法にけちをつける気はさらさらないし、たばこがもたらす、さまざまな健康被害は疑いようがない。受動喫煙問題については厳格に対応し、喫煙者のモラルも今以上に徹底させるべきだろう。

一方で、「たばこと酒はどちらが悪いか」との論争が長く続いてもいる。どちらも強い依存性・習慣性を持ち、過度な使用が健康への悪影響を及ぼすことについては明らかだが、たばこ派は「健康被害や社会全体に与えている損害は、たばこよりも酒のほうが深刻だ」

と主張する。

確かにアルコールは、肝炎・肝硬変だけでなく、胃炎や膵炎、食道炎などの消化器疾患、さまざまな脳症や心疾患の原因となる。交通事故、駅のホームからの転落、酔っ払い同士のトラブル、繁華街のぼったくり、家庭内暴力や育児放棄など、アルコールがらみのトラブルやモラルハザードは、受動喫煙以上に広く、深刻な問題を引き起こしている。

とはいえ、現状は明らかにたばこ派が劣勢であり、その背景には数の論理があることは疑いようがない。2019年の厚労省の調べによると、週に3回以上飲酒する習慣飲酒者は、男性では、33・9パーセント、女性では8・8パーセント。一方の喫煙率は男性27・1パーセント、女性7・6パーセント（国立がん研究センター調べ）である。だが、数の論理というのはそんな些末《さまつ》な数字の話ではない。経済的なスケール、言い換えれば、税収、そして雇用への影響だ。

アルコールが制限されたりすれば、酒類業界だけにとどまらず、飲食店、流通業界、タクシーや鉄道といった交通機関など、仕事に影響を受けたり、職を失ったりする人の数は膨大なものになる。スケールはたばこ業界とは比較にならず、国全体がひっくり返る可能性もある。もちろん、あり得ない仮定の話であり、もっと言えば「酒かたばこか」という論争そのものが不毛かつ時代錯誤だ。

本書のテーマ「ギャンブル依存」と関係ないことを、最後に長々と書いている理由は、つまりそういうことだ。ギャンブル依存者が、近年の喫煙者以上に日陰者扱いされる一因には、社会構造、それに雇用問題が関係していると感じている。

非喫煙者は、たばこがなくなっても何の痛痒《つうよう》も感じないどころか、大半はむしろ「この世から消えてほしい」とさえ思っている。公共の場所だけでなく、ホテル・旅館や飲食店、居酒屋にまで禁煙が広がりつつある現状で、たばこがなくなっても、喫煙者以外に困る人はきわめて少ないことが証明されている。一方、下戸にとっては、酒が消えても困ることはないが、この世からなくなってほしいとまで思っている人は少ないだろう。自分は飲まなくても、この世から酒がなくなれば、程度の差こそあれ家族や親戚、友人・知人のなかには、困る人が必ずいる。

スイーツは肥満の原因になると内科医は言う。インナー型イヤホンは難聴の原因になると耳鼻科医は言う。「ヘルスケア、社会生活における負の要素」だけを考慮すれば、「アルコールも砂糖菓子もイヤホン使用もなし」にすればいいのだが、社会構造的にそうはいかない。仮に「新健康増進法」が制定され、そこに「スイーツ制限」が盛り込まれたら、菓子業界だけでなく、飲食店やコンビニ・スーパー・百貨店などの小売業界は大打撃を受ける。「イヤホン制限」となれば、今の音楽業界は立ち行かなくなる。

そもそも、そんな世の中はつまらない。おいしい酒も甘いスイーツも音質のいいイヤホンも大歓迎だ。

喫煙者もギャンブル愛好者も、きっと同じことを言うだろう。どちらも、なくなっても社会における影響は少ないかもしれないが、日本全体にフワフワと蔓延している「穏やかな息苦しさ」から、つかの間、逸脱させてくれる存在であり、「法の範囲内で楽しんでいるのだから、人に迷惑をかけない限り、放っといてくれ」と。

だが、違法薬物と同様、ギャンブルは、依存者や家族の人生を大きく変えてしまう破壊力を持ち、その背後に反社や詐欺まがいの無法者の陰がちらつくケースも少なくない。しかも、合法・非合法を問わず産業として成立している限り、依存者が増えるほどギャンブル機会の提供者にとって「おいしい状況」になる。

日本人にギャンブル依存者が多い最大の理由は、そんなビジネスモデルが歴史的にも社会構造的にもあちこちに、しかも当たり前の存在として張り巡らされていることにある。

だから「アンチ」からは嫌われるし、ギャンブルを好まない人にとって、存在そのものが目障りとなる。

本書は、アンチギャンブルを目的とはしていない。

筆者にも、学生時代には友人と安いレートで徹夜麻雀をしたことはあるし、駆け出しの新聞記者時代には、仕事のストレスから逃れたくてパチンコ店に入った経験もある。日本ダービーや有馬記念などの大レースでは、少額ながらも「参加料」を払って、サラブレッドの競走を見守ることだってある。幸か不幸か、ギャンブルの才能に恵まれず、儲かった記憶がなかったため、さほど入れ込むことにはならなかった。なにより「息抜き」「日常からの逸脱」とはそんなものだと割り切ってもいた。ただ、依存と無縁でいられたのはたまたま幸運だっただけで、家庭の事情や仕事環境、人間関係などによって、心のなかのトリガーに指がかかった可能性だってあったかもしれない。

＊

取材を開始した当初、テーマに設定したのは疾患としてのギャンブル依存だった。たくさんの人から話を聞き、さまざまな資料に目を通していくと、疾患をもたらす原因は、単体の有機物でも、空間でも、時間でもない何か……、いや、逆に有機物であり、空間であり、時間でもある何かから生み出されていると考えるようになった。

ギャンブル依存に陥った人のノンフィクションとして、読売新聞の医療健康サイト「yomiDr.」で連載した原稿全体に、今回の書籍化で加筆しながら横串を刺してみたら、その「得体の知れない何か」は少し輪郭を帯びてきた。そして、他国に比べて、圧倒的に多いギャンブル依存者がいる日本の現状も、うっすらと理解できた気がしている。

ギャンブル依存という厄介な存在を消し去る方法は……たぶんない。

それでも、誰かが依存のトラップに引っかかったとしても、そこから救い出せる社会的な理解と土壌をつくることで、本人や家族の悲劇的な結末は最小限に抑えることはできる。「依存しちゃったのなら、治せばいいんじゃない？」と誰もが考えられる、社会全体の鷹揚さがそのスタート地点となる。

＊

取材・執筆に際して、数えきれないほどの協力、助言、示唆をしてくださった「ギャンブル依存症問題を考える会」の田中紀子代表には、心からのお礼を申し上げたい。彼女との出会いがなければ、「得体の知れない何か」の存在にすら、思いが至らなかったと考えている。

そして、「yomiDr.」の連載中に「書籍にしませんか?」と声をかけてくださった平凡社新書編集部の和田康成さんは、コロナ禍で取材・執筆が進まなかった間も、辛抱強く原稿を待ち、時間とともにどこかに消えてしまうウェブ上の文章に、このような形を与えてくださった。深い謝意を表したい。

2023年6月

染谷一

【著者】
染谷一（そめや はじめ）
1961年東京都生まれ。84年、大学卒業後に渡米し、ウエストヴァージニア大学大学院修士課程を修了（Master of Arts）。専攻は文学・言語学。88年、読売新聞社（現 読売新聞東京本社）入社。医療情報部（医療部）、文化部などを経て、2015年から調査研究本部主任研究員、医療ネットワーク事務局専門委員、メディア局専門委員として勤務。現在は主に医療・健康のニュース情報サイト「yomiDr.」でコラムの執筆などを行う。精神・神経分野への関心が強く、科学の面だけでなく、社会学、心理学の側面からも医療取材を続けている。

平 凡 社 新 書 1 0 3 3

ギャンブル依存
日本人はなぜ、その沼にはまり込むのか

発行日――2023年7月14日　初版第1刷

著者――染谷一
発行者――下中美都
発行所――株式会社平凡社
〒101-0051 東京都千代田区神田神保町3-29
電話 (03) 3230-6580［編集］
(03) 3230-6573［営業］
印刷・製本―図書印刷株式会社
装幀――菊地信義

ISBN978-4-582-86033-7
平凡社ホームページ https://www.heibonsha.co.jp/